Meditaciones con los Angeles

DEL MISMO AUTOR

Descubre a tu Ángel

Rubén Zamora

MEDITACIONES
CON LOS ÁNGELES

EDICIONES ABRAXAS

Título original:
Meditaciones con los Ángeles

© 2000 by Rubén Zamora
© 2001 by Ediciones Abraxas

Ilustración de cubierta:
Lourdes Ribas
Infografía:
Xurxo Campos

La presente edición es propiedad de
Ediciones Abraxas
Apdo. de Correos 24.224
08080 Barcelona, España
E-mail: abraxas.s@btlink.net

Impreso en España/ Printed in Spain
ISBN: 84-95536-22-6
Depósito legal: B-10.046-01

Impreso en
Limpergraf, s. a.
c./ Mogoda, 29-31
Poligon Industrial Can Salvatella
Barberà del Vallès, Barcelona

A Uriel, el Ángel
de luz dorada
que me visitó en la cuna.

PRÓLOGO

MÁS ALLÁ DE LAS CREENCIAS

Quizá todo empezó para la humanidad el día en que el hombre se dio cuenta de que necesitaba que creer en algo superior a él para darle sentido a su existencia sobre la faz de la tierra.

Sociólogos, antropólogos, psicólogos y filósofos señalan con tal énfasis la necesidad de creer, porque el creer es tan necesario como amar, comer, dormir o sobrevivir. Sin creencias es muy posible que el ser humano no hubiera podido llegar hasta donde se encuentra ahora, ya que la cohesión social depende, en una buena medida, de la buena fe, es decir, de lo que la gente está dispuesta a creer como un bien común, o una fuerza superior o un destino.

Hay una necesidad de creer, obviamente, pero creer no es suficiente, no al menos en el caso de toda la gente que busca tener una experiencia mística un poco más profunda, más real, más vívida.

Nuestro autor, Rubén Zamora, parece haber tenido más de una experiencia en este sentido, y quizá por ello transmite una sensación de beatitud o de eterna sonrisa tan difícil de encontrar en nuestros días. Esas experiencias, como él dice, son personales e intransferibles, es decir, que por mucho que nos las cuente alguien que las ha tenido, jamás sabremos en qué consisten si nosotros no las hemos vivido en nuestra propia piel.

Los psiquiatras dicen que cuando hablamos con Dios estamos rezando, pero si oímos que Dios nos habla, es que estamos esquizofrénicos.

Para la psiquiatría muchos de nuestros santos, como santa Teresa de Jesús, son el cuadro perfecto de la esquizofrenia a la luz de la psiquiatría moderna, pero quién nos puede asegurar que nuestra realidad es más válida que la de los santos iluminados.

De hecho, y durante mucho tiempo, esa iluminación fue perseguida por miles de fieles, monjas y sacerdotes, y entre chamanes y budistas, la meditación profunda y la alteración de la conciencia, es más un punto a favor que en contra. Rubén

Zamora no es ningún iluminado, al contrario, se podría decir que es más un hombre de tierra que de emociones, y más de ciencia que de supersticiones, porque le tocó una época en la que no era nada fácil crecer en el duro campo extremeño, y mucho menos hacerse un lugar en la Universidad de Salamanca, y, sin embargo, no ha podido evitar tener una serie de experiencias que van más allá de las creencias y de la realidad tangible e inmediata.

Los sociólogos y los antropólogos, a la hora de estudiar la evolución de las civilizaciones, intentan distinguir entre creencias verdaderas y creencias falsas. Para ellos una creencia falsa sería la clásica aseveración medieval sobre el geocentrismo de una tierra plana sobre la que se posa la cúpula del firmamento, mientras que la creencia verdadera sería decir que la tierra es redonda y que gira alrededor del sol aunque no lo hayamos visto con nuestros propios ojos. Sin embargo, al llegar a los dilemas del pensamiento mágico y religioso del hombre, establecer la diferencia entre creencias falsas y creencias verdaderas, se hace mucho más difícil y mucho más complejo, porque, ¿cómo se demuestra la existencia o la inexistencia de Dios?, o la existencia o no existencia de otras realidades ajenas a la nuestra donde viven hadas, gnomos, elfos, duendes y ángeles. La perversión de las iglesias o de los antiguos druidas, en lo que se supone un dominio o sometimiento de los pueblos, no es suficiente para explicar fenómenos como las apariciones marianas o los viajes astrales, como tampoco lo es el conocimiento de la neurología, la psicología o la psiquiatría. Como dijo Kant, el fenómeno existe, y seguirá siendo fenómeno mientras no lo podamos afirmar o rebatir científicamente.

Por si fuera poco, la influencia religiosa inmediata, que podría contaminar o condicionar el tipo de visiones de otras realidades que tiene una persona, tampoco es suficiente, porque no hace falta ser católico o de formación judeocristiana para «ver» a los ángeles, de la misma manera que no hace falta ser irlandés o escandinavo para ver gnomos y hadas; es decir, que la experiencia esotérica o religiosa no va siempre unida a las propias creencias, aunque sean estas creencias las que nos ayudan a explicárnoslas. Rubén Zamora «ve ángeles», porque su formación occidental le hace llamarle ángeles a los seres de luz que ve, pero, como el lector podrá observar a lo largo de este libro, también se les podría llamar lares, hadas o elfos a los seres de luz que tanto han impresionado a nuestro autor.

Y es que las experiencias místicas, además de ser personales e intransferibles, están más allá de las creencias.

JAVIER TAPIA RODRÍGUEZ

INTRODUCCIÓN

MI PRIMER ÁNGEL

Cierra los ojos, respira hondo
y busca la luz de tu ser interno
para que te eleve hasta a Uriel,
el Ángel que te muestra el Sendero.
                    Meditación de Partida

Más de una vez he contado, y por ese rastro muchos
me podrían perseguir hasta encontrarme, que antes
de cumplir los dos años y estando en la cuna tuve
mi primer encuentro con un ser de luz, con el que
hablé de lo que sería mi vida en esta tierra, como
si yo tuviera una consciencia de adulto y no la de
un bebé. Recuerdo como si fuera ayer su cuerpo
dorado, de una luz intensa que sin embargo no hería
la mirada, y también recuerdo muchas de las cosas

que hablamos. En realidad, yo hablé más que él, y aunque él no me rectificó demasiado, la vida se ha encargado de llevarme por otro sendero al que me había marcado en la cuna.

Mi vida no ha sido muy diferente de la que programé delante de aquel ser de luz, pero sí ha variado en algunos puntos de cierta importancia, cosa que a veces le reclamo y a veces le agradezco a ese ser dorado. Ahora, con la perspectiva de la distancia y la madurez de los años, comprendo que el guión de la vida que traemos aprendido del más allá antes de nacer, no es un guión rígido, sino un marco general en el que nos podemos desenvolver, y que hay lugar tanto para la planificación como para la espontaneidad.

También ahora recuerdo, desde otro punto de vista, la clara serenidad y el cálido acogimiento que me brindó, y me emociono más con el recuerdo de la vivencia que de lo que me emocioné cuando estaba en la cuna, porque al recordar vuelvo a sentir cercana su presencia, y eso me da fuerzas para seguir adelante, porque su presencia, tanto entonces como ahora, me ayudan a encontrarle un sentido a esta existencia. Él estuvo ahí, a mi lado, insuflándome el aliento divino que me ayudó a salir adelante a pesar de todo.

Ese fue mi primer ángel, pero desde luego no ha sido el único.

También están el Guardián Azul, que me impidió el paso y un disfrute más largo en su realidad nubosa, luminosa y celestial; el anciano de las grandes manos que me tomó entre ellas en la adolescencia; Jabel, mi Àngel Guardián; La Voz angelical y femenina que me ha dado más de un buen consejo; y muchos otros más que tanto atraen a mis amigos en las largas charlas nocturnas, y que tanto han divertido o impresionado a los psicólogos, quiénes, a pesar de todo, me han dicho, y certificado profesionalmente, que soy una persona normal, común y corriente. Uno de ellos me contó, ya hace muchos años, que uno de los más grandes psicólogos de la historia, Jung, también tenía un ángel personal con el que hablaba y disertaba prácticamente todos los días, sin que ello perturbara su lucidez. En suma, que, sin querer compararme ni un momento con Jung, no estoy loco, y que mis visiones, aunque inexplicables todavía por la ciencia, no han menoscabado mi capacidad para distinguir entre el bien y el mal, ni para moverme correctamente entre la gente que me rodea, y que puedo desenvolverme en todos los campos vitales sin problema alguno.

Digo todo esto no por mí, sino por toda la gente que ha tenido experiencias como las mías, para que sepan que la locura o la falta de lucidez no tienen nada qué ver con los seres de luz que podamos ver, sentir, oír o percibir, ya que no hay una relación directamente proporcional entre nuestro estado psíquico y nuestra sensibilidad para percibir otras realidades. No me gustaría que a otras personas les pasara lo que me pasó a mí, que guardé en secreto durante muchos años mis experiencias, por temor a las burlas y al rechazo de propios y extraños. Ya no estamos en las épocas en que teníamos que escondernos de todos y de todo, y aunque mucha gente aún piensa que percibir a un ser de luz no es más que un desarreglo de la mente, cada día son más los que reconocen que hay muchas cosas que rebasan nuestra naturaleza sin que ello quiera decir que estamos locos.

Yo mismo me sorprendí al descubrir que muchas de mis amistades, gente con aureola de seriedad y aparentemente remisa a cualquier signo de espiritualidad, también habían tenido experiencias similares a las mías.

Cuando empecé a contar abiertamente lo que oía, veía y percibía, mucha gente me desveló a su vez que también había vivido un hecho extraor-

Todos los niños, sin excepción, reciben la visita de un Ángel,
dentro de sus primeros dos años y medio de vida.

dinario en su existencia. Más de uno había tenido la experiencia del Guardián Azul, y no faltaba quién hubiera experimentado una presencia luminosa o etérea en su infancia.

En cuanto me abrí yo a los demás, muchos se abrieron a mí, y me di cuenta de que no estaba solo. Ahora sé que es un secreto a voces el haber tenido una experiencia sobrenatural, pero durante mucho tiempo pensé que sólo a mí y a unos cuantos «locos» más les pasaban estas cosas. Por supuesto, muchas de mis amistades serían incapaces de contarle a todo el mundo lo que han vivido y sentido, porque sigue existiendo el prurito del qué dirán los demás, o la sensación de que la sinceridad en ciertos campos es más un estigma que una virtud, pero cada día que pasa son menos las personas que temen mostrar su espiritualidad a los demás, y son más aquellos y aquellas que quieren saber cómo vivir mejor sus experiencias sobrenaturales.

Tanto los que buscamos como los que tenemos cierta facilidad para contactar con los seres de luz, no estamos solos y cada vez somos más, y espero que usted también se sume a una humanidad libre de prejuicios espirituales.

No podemos negar nuestra mente ni nuestro cuerpo, pero tampoco podemos negar nuestro espíritu, y si bien es cierto que la mente y el cuerpo tienen sus necesidades, también es cierto que nuestro espíritu también las tiene. Quizá no podamos pesar ni medir nuestro espíritu, pero sí lo podemos percibir, y de nada sirve darle la espalda o negarlo, porque sigue estando ahí.

Una amiga y lectora, cuyo nombre es curiosamente Ángela, me dijo que en mi libro anterior pecaba de «racional» a pesar de estar refiriéndome a los ángeles, y la misma Jessica Tate (autora de éxito de esta casa), me envió una carta en la que me decía que tenía que soltarme aún más. Por eso, tanto a ellas como a vosotros, os prometo que en este libro no me guardaré nada en el tintero, e intentaré abrir del todo mi alma para que se vean claramente todos los ángeles y seres de luz que han llegado hasta ella, como Uriel, el ángel dorado que me visitó en la cuna.

I

¿DE DÓNDE VIENEN LOS ÁNGELES?

Cierra los ojos, respira con fuerza
y busca el fuego eterno y creador,
para que te eleve hasta Gabriel,
el Arcángel de la Espada de Fuego.

1ª Meditación

Durante los primeros 7 años de mi vida viví como tantos otros niños de mi época, comiendo lo que podía, jugando en la calle todo el día y escuchando todas las noches los cuentos de miedo que nos contaban las tías solteronas y las abuelas antes de irnos a dormir.

La vida transcurría alegremente para nosotros, los niños, a pesar de que a veces, para intentar corregir nuestras travesuras, nuestros padres practicaran sus habilidades con la correa, de que la comida fuera escasa y repetitiva, del frío y de la falta de televisión. La higiene se practicaba durante los veranos en el río, y la escuela parecía algo lejano y distante, sobre todo para los que teníamos alguna parcela en el campo o un taller de lo que fuera en el pueblo, ya que nuestros padres, con un ojo clínico incuestionable, nos señalaban y decían: «éste no sirve para estudiar», y todo quedaba solucionado, porque, cuando mucho y en el mejor de los casos, a los que supuestamente valíamos para el estudio nos tocaba ir a aprender las cuatro reglas y a leer y a escribir, para volver al trabajo que ya nos estaba esperando desde antes de nacer, porque el trabajo también formaba parte de la infancia y muchos nos sentíamos hasta contentos cuando nos tocaba ir a ayudarle a nuestros padres en sus respectivas faenas. En aquel entonces y en aquel entorno, no había ni niños ni mujeres de su casa.

Durante los primeros 7 años de mi vida jamás me cuestioné las cosas, y me parecía lo más normal del mundo que mis hermanos y mis compañeros de juego, cuando mucho, sólo aprendieran las cuatro reglas. Yo vivía feliz con mis juegos, mis amigos visibles y humanos y mis amigos lumino-

Hasta los 7 años de edad, los niños conservan su vinculación
con el mundo angelical.

sos e invisibles; y, cuando llegaba el momento de
ir a dormir, me lo pasaba fantásticamente domi-
nando mis sueños, y en ellos vencía a todos los
fantasmas y demonios que aparecían en los cuentos de terror que nos contaban las tías solteronas
y las abuelas. Todo me parecía completamente
normal, y así me hubiera pasado toda la vida de
no haber sido porque mis padres decidieron un

buen día emigrar a Barcelona, justamente el día que yo cumplía 8 años.

Lo que más me molestó fue que nadie celebró mi nueva edad, y que de pronto todos parecían haberse vuelto locos, incluso mi madre, que me cogió en brazos y me prometió que me ingresaría en el mejor colegio del mundo, porque yo era, con diferencia, el más inteligente de los hermanos. Éramos seis, tres niños y tres niñas, sin contar a los dos que habían muerto, y para mí era la primera noticia que tenía de mi supuesta inteligencia.

Dejar mi propia tierra no me dolió, porque aún no sabía lo que era echar raíces, pero sí sentí una especie de extraño vacío el día que mi tío nos llevó a Salamanca para que cogiéramos el tren a Madrid, para que después pudiéramos tomar el tren que iba a Barcelona, donde mi padre, que había marchado una semana antes, nos esperaba. No había pasado ni un mes de mi cumpleaños y mi vida había cambiado del todo, y aún cambiaría un poco más, porque nada más llegar a Barcelona, mi padre nos llevó a los tres hermanos mayores a un internado donde, según él, nos quitarían lo burro.

No recuerdo haber sufrido especialmente, pero sí recuerdo que mi hermano mayor se volvió oscuro y taciturno, y que mi hermano menor empezó a meterse en problemas en cuanto nos dejaron dentro de aquella escuela. Yo vivía en un mundo aparte, porque seguía jugando con mis amigos invisibles y continuaba disfrutando de mis sueños, y fuera de tener que aprender a leer, sumar y multiplicar, o del baño semanal al que nos sometían, mi vida no me parecía tan diferente.

Mi hermano mayor se escapó del internado un poco antes de acabar el curso, y mi hermano menor, debido a su terrible comportamiento a pesar de los severos castigos a los que era sometido, volvió a casa con mis padres. Sólo yo continué en el internado hasta acabar la primaria, y al salir del internado, con 12 años, me encontré con un mundo que no conocía: mi madre, mi abuela y mis hermanas vivían en Barcelona en casa de mi tía, y mi padre y mis hermanos habían vuelto a Extremadura.

Mi hermano mayor había estado vagando por Barcelona cuando se escapó, y un buen día se subió a un tren, y sin saber ni siquiera cómo pudo hacerlo, tres días más tarde se plantaba en nuestra casa de campo, y ahí se estuvo sin hacer ruido, hasta que mi padre volvió con mi hermano menor y se llevó la sorpresa de que los campos estaban arados. Cuando le preguntó a mi tío que por qué no le había dicho que mi hermano mayor estaba allí, mi tío le contestó simplemente que porque nadie se lo había preguntado.

La que se negó a volver a Extremadura, fue mi madre, y retuvo con ella a mis hermanas, y, si las leyes de aquella época lo hubieran permitido, se habría divorciado y también se habría ido a vivir a Francia.

Yo me encontré de pronto entre la espada y la pared, con mi padre reclamándome para que me volviera al campo, y mi madre empeñada en que siguiera estudiando. Para entonces yo casi me había olvidado de mis amigos invisibles y de mis sueños, y sólo pensaba en hacer lo correcto, lo que no hiciera daño a nadie de mi familia, que por rota que estuviera, para mí seguía siendo una piña.

Mi vida siguió dando más vueltas, porque por una parte la ciudad catalana me parecía extraña y me tiraba más Extremadura, pero por la otra el ver a mi madre y a mis hermanas solas me partía el alma, así que decidí convertirme en el hombre de la casa, con una abuela, una tía, una madre y tres hermanas que me necesitaban más que mi padre. Creí que era lo mejor.

Estudiar, lo que se dice estudiar, no estudié mucho, porque de inmediato tuve que ponerme a trabajar para merecer un plato en la mesa. Todo lo que ganaba se lo daba a mi madre, y después ella me daba lo mínimo para que pudiera comer un bocadillo entre la jornada laboral y la escuela nocturna. Así estuvimos casi un par de años, pero un buen día mi madre me dijo que aquello no se podía aguantar, y que teníamos que volver con mi padre a Extremadura. Curiosamente, mi tía estuvo encantada, lo mismo que mis hermanas, pero mi abuela, la que más raíces tenía en el pueblo, no quiso saber nada de moverse de aquella casa, porque decía que sus antepasados la habían ido a visitar en aquel lugar, y que ahí debía morir para que sus antepasados vinieran a recogerla.

Yo no entendía nada de nada, porque si alguien me parecía fuerte y entera, era mi abuela, quien se las había ingeniado para encontrar tres escaleras y tres despachos para limpiar por las mañanas, y a un par de fabricantes de ropa de punto para los que embastaba piezas por la tarde.

Nuevamente me volvieron a poner entre la espada y la pared, y nuevamente me puse de lado de quien me parecía más débil: mi abuela.

A mí me pareció un acto de heroísmo quedarme con aquella mujer con la que apenas si hablaba, con la que nunca me había llevado bien y que encima había perdido la buena costumbre de contarme cuentos de terror antes de dormir, porque ahora teníamos televisor y mi abuela lo veía siempre que podía, mientras iba embastando piezas y más piezas de punto hasta que el sueño la vencía.

Esta situación no duró mucho tiempo, porque mi abuela murió un poco después de que yo cumpliera los 14 años, y lo hizo de una manera «organizada», porque preparó todo lo que iba a necesitar para ser enterrada y dejó bien suscritos los términos de su herencia.

Aunque yo me sentía todo un hombre capaz de afrontar lo que fuera, mi abuela llamó a mi madre una semana antes de morir, y le dijo que viniera con mi padre para que se hicieran cargo de todo, y, la verdad, yo me sentí desplazado y hasta molesto con la muerta, porque en cuanto llegaron mis padres y mi tía, mi abuela me ignoró por completo, se puso mala y se preparó para morir como si supiera la hora exacta en que iba a hacerlo. Yo seguía sin cuestionarme nada de lo que pasaba a mi alrededor, y aunque me dolía que mi abuela no me tomara en cuenta, me parecía de lo más normal lo que sucedía, o suponía simplemente que así tenía que ser, sin más. Ni siquiera ponía en tela de juicio que mi abuela dijera, nada más llegar mis padres, que por la noche se portaran bien porque por la casa andaban mi abuelo y mi bisabuela, a pesar de que llevaran más de 20 años de muertos, y que estaría feo portarse mal delante de ellos.

Ya había oído esa clase de historias muchas veces, y no me sorprendía que mi abuela se las creyera. Me sorprendía mucho más que mi madre le dijera a mi abuela que no dijera esas cosas porque se le erizaba la piel, y que no dijera que se iba a morir, porque estaba más sana que ella, y que si seguía por ese camino, la que se iba a poner enferma era mi madre. Me parecía más lógico que mi abuela le respondiera: «si yo no estuviera a punto de morir, ellos no habrían venido», refiriéndose a sus antepasados, «y vosotros tampoco».

Mi abuela murió sin hacer ruido, y tras velarla una noche la trasladaron al cementerio del pueblo, a Extremadura, donde la enterraron junto al abuelo que yo nunca conocí en vida. Tampoco fui al entierro porque tenía trabajo que hacer y un par de exámenes en la escuela, que igualmente no aprobé, y me quedé completamente solo en la casa de Barcelona, sin saber muy bien qué hacer de ahí en adelante. Creí que mi madre y mi tía volverían algún día, o que mis hermanas o hermanos irían a hacerme compañía. Pero lo que sucedió fue que al poco tiempo de que enterraron a mi abuela, me llegó un telegrama de mi madre en el que me decía que tenía que dejar la casa cuanto antes porque la habían vendido, pero que antes de dejarla me ocupara de vender todos los muebles y de tirar a la basura lo que no sirviera, y que les mandara el dinero de lo que sacara de los muebles. Respondí en otro telegrama que así lo haría, e incluso cuando escribí el telegrama tenía toda la intención de hacer lo que me pedían, pero no lo hice.

He de señalar que en todo ese tiempo ya me había olvidado de controlar mis sueños, y que ahora las pesadillas me atacaban sin que yo pudiera hacer nada contra ellas. También me había olvidado de mis amigos invisibles, e incluso dudaba que un ser de luz me hubiera visitado realmente en la cuna. Era como si se hubiera corrido un velo en mi memoria.

Un par de días después de haber puesto el telegrama, mientras estaba sentado en el borde de la cama poniéndome los zapatos para ir a trabajar, me quedé como atontado, como si el sueño que acababa de abandonar se volviera a posar en mis párpados. Por un momento pensé en estirarme de nuevo para dormir unos minutos más, pero una especie de mareo me lo impidió.

El famoso Guardián Azul

Estaba sentado al borde de la cama, pero sentía que mi cuerpo se bamboleaba, primero, y que empezaba a girar sobre su eje, después. Al principio los giros eran suaves, pero se fueron haciendo cada vez más y más intensos, hasta que perdí la noción de la realidad y sentí que me elevaba.

De pronto el mareo había pasado, y una parte de mí me decía que tenía que tener miedo, porque me sentía flotar, pero otra parte de mi ser parecía muy contenta de que eso estuviera sucediendo. La habitación estaba a oscuras, pero poco a poco empecé a percibir más y más luz, como si del techo de la habitación emergieran pequeñas lucecitas de varios colores que se iban concretando en una suave luz ambiental.

Sentí que estaba flotando demasiado cerca del techo, y quise volver a la cama, pero al girar lo que creía mi cuerpo flotando, vi sentado sobre el borde de la cama a otro cuerpo, que en un primer instante no reconocí. Estaba acostumbrado a verme en el espejo, y la visión de mi propio yo corporal no me era familiar, pero finalmente me reconocí a mí mismo, y entonces me asusté mucho, porque lo primero que pensé al verme fue que estaba muerto.

Tras el espanto me miré con mayor atención y vi que aún respiraba, aunque estaba muy quieto, y que mis ojos aún tenían vida. Me sentí muy aliviado, pero no me dio tiempo de tranquilizarme porque me sentí succionado hacia arriba y creí que me iba a estampar contra el techo, pero ni el techo ni la terraza ni los cables de la luz de la calle me detuvieron, y seguí ascendiendo con mucha rapidez hasta que me encontré dentro de una especie de túnel muy negro. Entonces volví a asustarme e intenté salir de ahí, e hice el esfuerzo de moverme hacia un punto del túnel que parecía tener un lejano haz de luz, y justo en ese momento volví a sentir que las cosas se aceleraban y que perdía el dominio de la situación nuevamente, pero me sentí afortunado porque fui a dar a la luz que se veía al final del túnel.

La luz se fue haciendo cada vez más azulada y lechosa, y supuse que por fin estaba en el cielo, porque además empezaba a inundarme una grata y profunda sensación de bienestar, y dejé de sentir cualquier sensación de rapidez, de lentitud y de tiempo, aunque tenía la certeza de que me seguía moviendo, y creía que en cualquier momento iba a aparecer por ahí alguno de mis parientes muertos para enseñarme el camino correcto, pero no vi a nada ni a nadie, y pensé que tampoco tenía mucha importancia, porque igualmente me sentía como nunca me había sentido y todo lo demás importaba realmente muy poco.

Así estaba, gozando de la placidez infinita, cuando ante mí empezó a formarse una especie de montaña azul en la lejanía, y fui acercándome a ella. No era una montaña, era un ser gigantesco de color azul que parecía estar esperándome. Detrás de él me pareció distinguir una especie de puerta, y detrás de la puerta intuí que había otros seres como yo, y sentí la impetuosa necesidad de comunicarme con ellos, y lancé toda mi voluntad hacia esa puerta.

Cuando creí que por fin alcanzaba la puerta, el ser azul se interpuso en mi camino, me observó con curiosidad, creí percibir una sonrisa en sus gestos, y de pronto me dijo con una potente voz que parecía venir de todos lados: «Aún no es tiempo», y al tiempo que lo decía sentí que me tocaba en la frente y volví a percibir la sensación del tiempo, y sobre todo la rapidez, porque empecé a caer como si fuera un misil.

La verdad es que me sentí aterrado de caer a esa velocidad, mucho peor que las caídas eternas que había experimentado en sueños, y cuando quise darme cuenta de las cosas me encontré de nuevo en mi cuerpo, que daba un tremendo bote sobre la cama y que caía al suelo con el corazón completamente desbocado, mucho frío, y una subsecuente taquicardia que tardó varios segundos en desaparecer.

Cuando me hube calmado, respiré hondo y me palpé el cuerpo; me puse de pie, abrí la luz y fui a mojarme la cara en el grifo de la bañera.

Durante muchos años creí que sólo yo conocía al famoso Guardián Azul, por eso me sorprendió gratamente conocer a otras personas, de muy diferentes extracciones sociales, económicas y culturales, que también lo habían conocido, visto o experimentado.

Eso me quitó mi pretendida exclusividad, pero a la vez me alivió. Incluso una vez, en una publicación juvenil, el protagonista tenía una experiencia similar a la mía: se encontraba con el Guardián Azul en una especie de sueño. Y todo eso me llevó a pensar dos cosas: una, que el Guardián Azul existía de verdad, o dos, que había más locos de lo que la gente suponía.

Mi abuela

Aquella experiencia me dejó desconcertado, porque no sabía si había sido un sueño o una verdadera experiencia fuera de lo normal, y es que para mí, por lo que había oído en mi infancia, las experiencias fuera de lo normal tenían que ver con los fantasmas, los demonios, los muertos que se levantaban de sus tumbas en los cementerios, los santos, los milagros de las vírgenes, y cosas por el estilo, pero no con seres azules del tamaño de una montaña.

En mi familia, fuera de los cuentos de terror, no había mucha tradición mística que digamos, ya que si bien es cierto que mi abuela se santiguaba para todo, también es cierto que era republicana, y el resto de la familia estaba llena de rojos y de anarquistas que no habían pisado nunca una iglesia por gusto. Sólo mi madre era devota de una virgen morena, pero tampoco iba a la iglesia ni nos educó con los preceptos del catolicismo, decía, por increíble que pueda parecer, que la religión era cosa de gitanos. Yo no sabía a que se refería, porque para mí la religión simplemente no existía, y mi ser de luz de la cuna, así como mis amigos invisibles, nunca me hablaron de Dios ni de creencias.

De cualquier manera, naciendo y viviendo en un país como España, tenía toda la información sobre lo que era ir a misa y lo que representaban los rezos y los santos, y siempre había creído que lo sobrenatural tendría que estar vinculado a la Iglesia de una o de otra manera. Por eso no supe cómo reaccionar ante lo que me había sucedido.

Después de la experiencia me fui a trabajar, y por la tarde fui a la escuela secundaria donde luchaba infructuosamente por sacarme el bachiller, como todos los días, pero ese día fue diferente, porque yo hacía todas las cosas como si me hubieran conectado un piloto automático, o como si yo no fuera el que realmente estaba haciendo las cosas. Recorrí calles y crucé avenidas como todos los días, pero sin poner la menor atención a los coches, los tranvías o la gente que pasaba a mi lado. Iba como flotando, completamente desconectado de la realidad, y de vez en cuando sufría un pequeño sobresalto cuando me descubría haciendo una cosa que no recordaba haber iniciado.

Al caer la noche me fui como un autómata a la cama, y creí que iba a dormir como un tronco, pero, lejos de quedarme dormido, sentí, nada más poner la cabeza sobre la almohada, una tremenda lucidez, y sentí que en la casa estaba mi abuela con toda su presencia humana, a pesar de haber sido recientemente enterrada. No sentí miedo ni se me erizaron los cabellos, y de pronto recordé que en la infancia ya había sentido cosas similares: presencias de otros seres que yo no relacionaba para nada con el mundo de los muertos.

Desde mi cama llamé a mi abuela en voz alta, como si ella estuviera en la habitación de al lado y pudiera escucharme, y empecé a contarle cosas que nunca le había contado, y a preguntarle cosas que nunca le había preguntado. Por una parte sabía perfectamente que ella no podía estar allí, pero por la otra sentía perfectamente su presencia, y eso hacía que me sintiera seguro, tranquilo y feliz.

Seguí sintiendo su presencia y seguí hablando con ella varios días más, sin esperar ninguna respuesta, y cada día me sentía más cerca de ella. Después de hablar un buen rato con ella, me quedaba completamente dormido, y, en mis sueños, la anciana sí hablaba y me decía lo que jamás me había dicho, y así, entre sueños y vigilia, nos hicimos amigos.

Es curioso, pero me llevo mucho mejor con mi abuela desde que está muerta, que cuando estaba viva.

Los Ángeles

Una semana después de haber visto al Guardián Azul y de haber iniciado amistad con mi abuela, tuve una nueva experiencia: estaba cerrando los ojos para dormir, cuando de pronto sentí como si una fuerza irresistible me lanzara fuera de mi cuerpo, y sentí un poco de miedo al percibir mucha oscuridad a mi alrededor, que sólo se rompía de vez en cuando por unos destellos de luces fluorescentes que pasaban a mi lado. De pronto todo se detuvo y creí que estaba de nuevo en mi habitación, por la luz mortecina que me rodeaba y por la sensación de seguridad y calidez que solía acompañarme cuando estaba bajo las mantas, pero no estaba en mi habitación ni bajo las sábanas, sino ante un anciano de mirada lánguida y manos grandes.

Le pregunté si era Dios, porque fue lo primero que se me vino a la cabeza. Me dijo que no, que no era exactamente Dios, pero que para mí como si lo fuera, y me lo dijo mientras me sonreía con una expresión de infinita bondad, al tiempo que estiraba su mano derecha hacia mí. Creí que me iba a estrechar la mano, pero no lo hizo, sino que envolvió mi cuerpo con toda su mano y sólo entonces pude darme cuenta de su grandeza. Entonces le pregunté si era un ángel, y me dijo que en cierta manera lo era, pero que no del todo.

—¿Entonces quién eres? —le pregunté con firmeza porque empezaba a sentirme incómodo dentro de su gigantesca mano.

Y él me contestó lanzándome una larga mirada:

—Yo soy tú, o, mejor dicho, tú eres yo, y soy tu Dios y tu Ángel, aunque no soy nada de eso, y aunque quizás algún día vuelva a serlo.

—¿Por qué me envuelves con tu mano? —le pregunté más inquieto aún al no comprender su respuesta.

—Para darte cuerpo —me dijo—, o para elevarte por encima de tus hermanos, como lo has deseado siempre, o, quién puede saberlo, quizá lo haga para que sepas que eres diferente a los demás, pero que ser diferente no te hace mejor al resto de la gente, y te digo todo esto a sabiendas de que no entiendes nada de nada, porque yo no tengo las respuestas que andas buscando, porque todavía no has empezado a buscar nada.

Luego sentí algo muy extraño, como si estuviera enterrado, y vi pasar muchas imágenes extrañas: me vi a mí mismo corriendo vestido de pieles, luego vestido de guerrero, luego como a un niño en una selva, luego como una mujer que estaba pariendo con mucho dolor, luego como un campesino que incendiaba una hacienda y era asesinado a tiros por la espalda, incluso sentí el calor del fuego y el ardor de las balas; y vi muchas imágenes más, muchas de ellas de mi vida presente, donde repetía una y otra vez una escena, hasta que la hacía bien.

Me sentía mareado con tantas visiones, y quise volver a mi cuerpo físico y a mi hogar, pero no podía, no encontraba el camino. Tan pronto me encontraba en una ciudad parecida a Barcelona, pero que no era Barcelona, como me veía a mí mismo recorriendo un laberinto por debajo de la tierra, como si fuera un gusano o una hormiga; luego me encontraba luchando en una batalla donde las explosiones me dejaban sordo, para pasar a un jardín donde había extraños seres y más extraños animales; uno de esos animales era una especie de gata o de perra de pelaje dorado y oloroso, con inquietante cara de niña mujer, y otro una especie de tigre con alas. Yo mismo me sentí como un insecto atrapado en una corriente de aire, hasta que una mano, o algo parecido a una mano de luz, me cogió del hombro y me dijo con voz femenina:

—Vamos al archivo, ahí estarás más tranquilo.

Antes de que pudiera preguntarle que quién era, me dijo:

—Soy Jabel, y soy algo así como lo que tú llamarías tu Ángel de la Guarda.

El archivo era una gran biblioteca de mármol que descansaba sobre una gigantesca nube blanca.

—Desde aquí —me dijo Jabel— sólo tienes que bajar para llegar a tu casa.

Hablamos durante horas, días, semanas, o lo que a mí me pareció muchísimo tiempo, pero al recuperar la consciencia en mi habitación, no habían pasado ni cinco minutos desde que me «ausentara». Durante ese tiempo hablamos de muchas cosas que iré relatando a lo largo del libro, cosas que yo olvidé durante muchos años, pero que con el tiempo volvieron a mi memoria y que me movieron a escribir los libros que escribo.

Lo que me dijo Jabel

Con Jabel me sentía bien, aunque había momentos en que él no parecía sentirse bien conmigo, lo sentía muy cercano a mí, y sin embargo no sabía cómo acercarme a él, creo que por eso me dijo, sin que yo se lo preguntara, muchas de las cosas que de pronto quería saber, sin siquiera saber porque quería conocerlas. Era como si no fuera yo quién pensara, sino otro yo más listo o más inteligente, con otras metas y otras aspiraciones a las que yo tenía en ese momento. Jabel me dijo que:

- Los ángeles son simplemente seres de luz, mensajeros divinos que alientan e inspiran, entre otras muchas vidas, las vidas de los hombres.

- Hay muchos tipos de ángeles, muchos más de los que podemos imaginar o concebir, y algunos de ellos llegaron a la Tierra hace millones de años, mucho antes de que existiera siquiera la idea de los hombres.

- Existe un solo Dios inconcebible, inmutable e inconmovible, omnipresente y omnipotente, y todo lo que existe y no existe, y todo lo que puede llegar a existir o dejar de existir, emana de él, porque él lo es absolutamente Todo y Nada, más allá de todo principio y todo fin.

- Los ángeles adoran a ese Dios conceptual, pero sólo a ése, y más de una vez han tenido conflictos con Dioses menores o con Ángeles Superiores.

- Los ángeles vienen de las emanaciones de Dios, al igual que muchos otros seres, entre ellos los hombres, que si bien es cierto que nacieron como animales, muy pronto se vieron agraciados con el soplo divino y eso los hermanó con los ángeles.

- Los ángeles, aunque sean seres de luz, no son perfectos, y a lo largo de la historia han cometido muchos errores.
- Hay ángeles elevados y ángeles caídos.
- Hay ángeles que buscan la luz, y ángeles perdidos.
- Hay ángeles entre los hombres, y ángeles dentro de los hombres; hombres que algún día serán ángeles, y ángeles que algún día serán hombres.
- Hay ángeles rebeldes y ángeles fieles.
- Ángeles ambiciosos de luz y ángeles escondidos en las sombras.
- En cierta manera, los hombres no son más que un pálido y perecedero reflejo de los ángeles, pero también hay ángeles que no quieren saber nada de los hombres.
- Los ángeles han formado parte de muchas leyendas y de muchas religiones, pero los ángeles no conforman en ellos mismos una religión y no son sólo una leyenda.
- Todos los ángeles sin excepción, a la vista de los hombres, resultan fríos y distantes, porque aunque ayuden y protejan a la humanidad muchas veces, y aunque algunos ángeles se dediquen casi exclusivamente a esta tarea,

en realidad no comparten los mismos intereses.

- Los ángeles no tienen sexo, pero sí tienen atributos masculinos, es decir, que se parecen a los hombres, que son antropomórficos.
- Los ángeles no tienen sexo, porque no se reproducen sexualmente; se reproducen por emanación divina, por elevación de consciencia, por iluminación.
- Pueden implantar su semilla, pero no a la manera de los hombres.
- Tienen placeres y aspiraciones, pero dichos placeres y dichas aspiraciones son incomprensibles para los seres humanos, de la misma manera que muchas cosas de los seres humanos son irrelevantes para los ángeles.
- Hay ángeles tan bellos que resultan ambiguos a la mirada, pero su apariencia sigue siendo más masculina que femenina. Los primeros perfectos andróginos terrestres, son los que más se les parecen.
- Los ángeles a menudo le hablan a los hombres con voz de mujer, a las mujeres con voz de hombre, a los niños con voz paternal, y a los ancianos con voz de niño, pero no lo hacen porque ellos sean hombres, mujeres, ancianos

o niños, sino porque así los interpretan quienes los oyen.

- Los ángeles tienen voz y producen sonidos y hasta música celestial, pero no a través del viento y de las cuerdas vocales como los seres humanos; y también ven, pero no a través de unos nervios fotosensibles (los ojos) como los hombres.

- Aún no ha llegado el tiempo en que ángeles y seres humanos puedan entenderse o comprenderse, y aunque en algún tiempo estuvieron muy cercanos, jamás se han entendido del todo.

- Por supuesto, es más fácil que un Ángel comprenda a un ser humano, que un humano llegue a comprender a un Ángel, pero esto no se debe a una superioridad por parte de los ángeles, sino simplemente a un diferente nivel de consciencia.

- Todos los ángeles son extraterrestres, es decir, que nacieron fuera de este planeta llamado Tierra, pero no todos los extraterrestres son ángeles.

- Hay muchos seres angelicales y de luz que no son propiamente ángeles, de la misma manera que hay muchos seres de las sombras que alguna vez fueron ángeles y que quizás algún día vuelvan a serlo.

- Los ángeles pueden viajar a través del tiempo, el espacio y las dimensiones, y eso los distingue del resto de los seres, incluidos algunos dioses, que no pueden moverse más allá de su propia dimensión o de un par de dimensiones.

- Sólo los ángeles pueden recorrer el universo entero y la eternidad, así como la Eternidad de las eternidades y el Universo de los universos, llevando y trayendo mensajes de un lado a otro.

- Sólo los ángeles pueden mirar de frente al Dios de todos los Dioses y de todos los dioses, porque son los únicos que no se funden ante su Luz y ante su Mirada, y eso los hace seres muy especiales, pero no por ello son los más poderosos.

- Y es que los ángeles vienen de la primera emanación de Dios, de su propia luz, de su deseo de expandirse y de sembrar su semilla por todo el universo. De ahí vienen los ángeles.

Los Ángeles emanan de la misma Luz de Dios

El mensaje

El mensaje de Jabel estaba dado, y yo, que no comprendí o no supe asimilar lo que me decía, salí del archivo y me deslicé nube abajo hasta reencontrarme con mi cuerpo. Esta vez no hubo susto ni caída acelerada, aunque sí un poco de frío y de taquicardia al volver a mi ser corpóreo.

Sus palabras resonaban en mi mente de adolescente, pero no atinaba a desentrañar su sentido. Impresionado por lo que había experimentado, me quedé profundamente dormido. Esa noche soñé que mi abuela me decía que buscara entre las últimas piezas de género de punto una caja de zapatos, porque la iba a necesitar muy pronto.

Al otro día casi me había olvidado de Jabel, pero no de lo que me había dicho mi abuela en sueños, así que revolví las piezas de punto sin embastar que estaban la habitación donde cosía, y encontré la caja de zapatos con una buena cantidad de dinero dentro, y sin decir adiós a la casa, salí de ella con mi maleta de cartón decidido a irme a vivir a los Pirineos, cuando nunca antes se me había ocurrido residir entre la nieve y las montañas.

Algo había cambiado dentro de mí, y al mismo tiempo siempre había estado dentro de mi ser. Me sentía especial, diferente a los demás, independiente de mi familia y completamente alejado de mis raíces, y eso me alegraba y me asustaba otro tanto, pero me daba seguridad en el futuro, como si hiciera lo que hiciera y pasara lo que pasara, yo ya no me desviaría jamás de mi camino. Pero la vida me enseñó más tarde que eso era sólo una sensación, y que, en cierta manera, con ángeles o sin ángeles, todos hacemos de nuestra vida lo que queremos. En ese momento yo sólo era un adolescente insolente e impertinente que había tenido un par de experiencias extrasensoriales que me hacían sentirme especial sin realmente serlo.

No vendí los muebles ni limpié la casa, y tampoco esperé a los nuevos dueños para darles las llaves. Tampoco avisé a mis padres que me iba a los Pirineos. Simplemente hice lo que sentí que tenía que hacer, y creí que mi abuela y que mi Ángel de la Guarda me protegerían a cada paso.

II

HADAS Y ELFOS Y OTROS SERES ANGELICALES

*Cierra los ojos, respira con calma
y busca la luz de la materia vibrante,
para que te eleve hasta el Arcángel Cassiel,
el que construye las montañas.*

2ª Meditación

Estuve varios años pegado a la montaña, viendo caer la lluvia, la nieve, la niebla y los rayos del sol. Recorrí los Pirineos de una punta a otra, y me sentí un privilegiado por poder disfrutar de una de las zonas geográficas más bellas del universo. Ahí conocí a mucha gente sencilla y encantadora y el cosmos entero parecía haber encontrado la armonía. Incluso los contrabandistas y los guardias civiles me parecían gente encantadora, pero más encantadoras me parecían las vacas de Gerona y las ovejas del País Vasco, la luna llena de octubre y las flores silvestres que cubrían las laderas de las montañas y los valles.

Iba para un lado y para el otro en completa soledad, pero me sentía bien acompañado por una cantidad de seres que vivían, invisibles a los ojos de los hombres, en aquellos parajes encantados.

Al principio hablaba con Jabel o con mi abuela, pero poco a poco se me fueron olvidando, y empecé a hablar con las pequeñas hadas de los manantiales y con los gnomos de las cuevas. No volví a tener experiencias astrales durante muchos años, pero sí empecé a ver, sobre todo las noches de luna llena, el aura de las plantas y los árboles, esos colores iridiscentes que se forman por encima de los prados y esas luces brillantes que flotan sobre los tallos, las hojas y las ramas.

Debo aclarar que no consumía ningún tipo de drogas, ni siquiera bebía alcohol ni fumaba tabaco. Llevaba una vida muy sana, comía de lo mejor y hacía mucho ejercicio todos los días. Yo veía lo que veía sin necesidad de nada. Incluso por esa época me aficioné durante unos meses a ir a las pequeñas iglesias de montaña para ver, durante la misa, el aura morada de los curas y las auras de los fieles mientras rezaban.

Algunas veces, aunque no siempre, vi cómo algunas auras de vivos colores, cuando se acercaban a comulgar o durante ciertos episodios de la misa, eran absorbidas por el aura densa del cura, y también cómo, en otras ocasiones, el aura oscura del cura «contaminaba» el resto de auras.

Inquieto por conocer lo que pasaba, me hice amigo de unos seminaristas, pero por más que les pregunté, sólo pude sacar algunas respuestas vagas, o bien, respuestas que yo no entendía para nada. También me hice amigo de otra gente joven que, como yo, se habían ido a vivir a las montañas, a formar comunas y a intentar un modo diferente de vida al capitalismo bestial que se practicaba en las ciudades, y eso que aquel capitalismo estaba muy lejos de ser el que tenemos ahora. Todo eran ideales y buenas maneras, y todos parecían desear un mundo mejor allá en las montañas, siguiendo un poco los movimientos sociales de los años sesenta y setenta que se llevaban a cabo en el resto del orbe.

En aquellas montañas conocí a gente de varias partes del mundo, y allí, sin las convenciones sociales que nos presionaran, todos éramos magníficas personas e iguales ante los ojos de la naturaleza. Chinos, coreanos, franceses, argentinos, uruguayos, alemanes, ingleses, suecos, italiano y españoles: todos iguales ante los ojos del sol y todos dispuestos a ayudar a los demás sin ningún interés de por medio.

Hubo gente que compró viejas casas de campo (masías) y las reconvirtió en comunas donde todo era de todos. Yo viví en más de una comuna, pero nunca fui un huésped fijo, porque tan pronto estaba en el País Vasco, como en Navarra, Aragón o Cataluña. No es que fuera un lobo solitario, pero me quedaba muy poco tiempo en un lugar, a menos que la nieve me mantuviera retenido en un sitio determinado.

Al principio todo era idílico, pero el deseo de experimentar de unos, y las ansias de dinero de otros, terminaron rompiendo el encanto. Los menos se mantuvieron en la línea original, y aún viven en las montañas alejados del mundanal ruido, pero la mayoría volvió a la ciudad o convirtió en ciudades algunos de aquellos maravillosos pueblos. Algunos son ahora exitosos empresarios del turismo rural, pero otros, con menor suerte, acabaron con problemas de toxicomanía, o, lo que es peor, se quedaron colgados o con lesiones cerebrales por probar las hierbas prohibidas de la montaña, especialmente por fumar raíces de mandrágora.

La marihuana era de lo más habitual, y algunos de mis antiguos compañeros de montaña la siguen consumiendo sin el menor problema, aunque a otros no les sentó tan bien y ahora son verdaderas piltrafas humanas.

Cuando me sentaba con ellos a ver la vegetación bajo los rayos de la luna llena, se sorprendían que yo pudiera ver, sin haber probado droga alguna, lo que ellos veían tras haber ingerido varios tóxicos:

Las pequeñas hadas de luz.

Las mordedoras hadas de las flores.

Los gnomos de arrugas eternas y aspecto de arcilla andante.

Los gnomos sonrosados de los árboles.

Los espíritus de las piedras.

Los elfos soberbios que no se dignaban ni a hablarte ni a mirarte aunque pasaras junto a ellos.

Las mujeres elfo de los estanques y los manantiales que se divertían apareciendo y desapareciendo tras las gotas de lluvia.

Los gigantescos y oscuros espíritus de las montañas triangulares.

Las angelicales y temibles reinas de las nieves, tan altas como los hombres altos y tan peligrosas como las serpientes venenosas.

El aura de las plantas.

El ánima resplandeciente de los animales del bosque.

Los sonidos que las brujas y los magos de antaño dejaron en las rocas y en las cuevas.

Las vibraciones que produce la tierra en los lugares sagrados.

Los haces de luz que brotaban de los riachuelos.

Las voces de los seres invisibles de los bosques de hayas.

Los aromas tangibles de los bosques de matorrales.

La pesadez casi humana de la niebla.

O los pasos veloces de los duendes.

A veces simplemente dejábamos flotar nuestra alma, mientras nuestro cuerpo permanecía tendido sobre la hierba, y nos hacíamos bromas astrales, o jugábamos a que éramos fantasmas y asustábamos a los vecinos de los pueblos.

Estos juegos, al principio, me parecían muy inocentes, e incluso creí que los experimentaba porque me dejaba influir por la fantasía, alterada con drogas, de mis amigos y compañeros, pero con el tiempo pude comprobar que no eran tan «sanos», porque había gente que se espantaba de verdad, y porque de vez en cuando te hacían sentir tan poderoso, que te acercabas más a los seres de las sombras que a los seres de la luz.

Los entresijos de la mente, que al principio parecían llenos de inocencia y de luz, poco a poco fueron sacando a flote su parte oscura, y más de uno se sintió, en sus correrías astrales, como el Ángel de la Muerte, como un Sátiro o como un Mago Negro capaz de dominar almas y mentes.

Los deseos de amor y de paz de los primeros tiempos, se transformaron en egoísmo y en ganas de satisfacer los propios y más oscuros deseos, con el agravante de que algunos se cumplían, y eso hacía pensar a la persona que su poder no tenía límites y que podía disponer de los demás como le diera la gana.

Algunos, que habían leído libros esotéricos o novelas de Lobsang Rampa, intentaban llevar por «el buen camino» a los demás, pero ningún aspirante a gurú tuvo éxito.

En aquel entonces yo, debo confesarlo, no había leído mucho, ni de temas esotéricos ni de ningún otro tipo de libros, e incluso pensaba que era un trabajo innecesario. No en vano había dejado colgados los estudios, y ni siquiera tenía una formación básica, pero como, cada vez que quería, subía al archivo (la gran biblioteca de mármol situada sobre la nube gigantesca) y preguntaba lo que quería saber, pues me sentía sabio, y eso que la mayoría de las veces ni siquiera comprendía las respuestas. Eso mismo me pasó años después con muchos libros, y hasta que no tuve una cultura básica más o menos sólida, no comprendí ni lo que experimentaba ni lo que leía. El caso es que yo era bastante ignorante, pero a la vez orgulloso y soberbio, y no supe asimilar para bien todo lo que allí pasaba, y muchos de los consejos que me dio Jabel resultaron, en aquel momento, completamente estériles.

Por eso mismo, cuando alguien empezaba a pasarse de la raya o comenzaba a alucinar más de la cuenta, simplemente pensaba que estaba paranoico o esquizofrénico, y que no valía la pena preocuparse por él o por ella...

Sí, también había chicas, y al menos ellas, o la mayoría de ellas, tenían más sentido común y más capacidad de reflexión, y de inmediato percibían cuándo las cosas iban por mal camino e intentaban rectificar en serio, y más de una vez, gracias a ellas, muchos de nosotros no acabamos en un manicomio.

Una de esas chicas fue mi pareja por una temporada, y la verdad es que a ella no le gustaba en absoluto los experimentos que hacíamos, y decía que estábamos jugando con fuego, que estábamos tocando cosas y abriendo puertas que desconocíamos, y confesaba abiertamente su miedo sin disfrazarlo de falso respeto. Ella había subido a las montañas porque quería trabajar la tierra, como lo hacían mis padres y mis hermanos, como lo había hecho yo y como lo habían hecho sus abuelos allá en Uruguay. Quería tener vacas y sembrar viñas, y no andar viendo gnomos, hadas o elfos, y mucho menos hacer viajes astrales, con drogas o sin ellas, porque decía que ya haría todas esas cosas cuando estuviera muerta, cuando tuviera de verdad liberado el espíritu, y no ahora que era de carne y hueso.

A mí su posición, lejos de bajarme los pies a tierra, me divertía y la tomaba como simple temor de mujer, y es que ni siquiera era capaz de comprenderla a ella, aunque tenía toda la razón: no estábamos preparados en absoluto para andar haciendo experimentos con el alma, con la materia de los ángeles, con el sentido de los sueños.

Nuestra relación se acabó del todo cuando ella quiso ir a trabajar en la vendimiã francesa, y yo me negué a ir a «trabajar» a ningún lado. Llevaba años sin hacerlo, y comía perfectamente todos los días sin tener que pensar en el dinero o en el esfuerzo físico. No me negaba a echarle una mano a cualquiera que me invitara a comer o que me dejara dormir en su casa o en el pajar, tanto si se trataba de arar, limpiar, recolectar, cazar, ordeñar una vaca o de hacer la matanza del cerdo, pero de ahí a trabajar tantas horas diarias por un salario durante un período cierto, no me lo había planteado, ni siquiera en los meses ni en los años de los más crudos inviernos, y no estaba dispuesto a hacer una excepción ni por ella ni por nadie; su granja de vacas o su campo de viñas era su sueño particular, pero no el mío, porque yo ni siquiera sabía cuál era mi sueño, así que la acompañé al tren para verla marchar a Francia donde ella podría conocer los secretos de las uvas en la vendimia, a sabiendas de que no la volvería a ver jamás.

Creí que me iba a doler su partida, pero, curiosamente, no me dolió en absoluto, sino todo lo contrario, porque nada más perderla de vista en el andén me sentí libre, independiente, y más bien frío y distante que alegre, triste o acalorado.

Al poco tiempo de haber recobrado mi libertad emocional, una noche de luna llena, una voz que no olvidaré nunca me dijo al oído en medio del bosque: «Cada día te pareces más a los ángeles», y de pronto me sentí poderoso y lleno de orgullo, «pero no por el lado luminoso y bueno», esto último me hizo dudar de mi fortaleza, «sino por el lado frío y oscuro». En ese momento sentí que se me helaba la sangre y que un escalofrío me recorría toda la columna vertebral desde abajo hacia arriba, y que al llegar hasta arriba del todo, en la coronilla, el escalofrío se convertía en calor de verdad, tan de verdad que me estaba quemando, pero no me quemó, simplemente me dejó una extraña sensación de hueco en la coronilla, y creo que desde ese mismo día empecé a quedarme calvo como mis amigos los seminaristas, o como tantos curas y monjes de pueblo.

Busqué entre las matas para ver si encontraba el hada o el elfo que me había dicho aquello, pero no encontré a nadie, ni de este mundo ni del otro, aunque seguía sintiendo su presencia muy cerca, como si me observara.

Alcé los ojos al cielo, porque por momentos sentía esa presencia por encima de mi cabeza, pero tampoco vi a nadie.

Entonces llamé mentalmente a Jabel, mi Ángel de la Guarda, que en muchas otras ocasiones había venido «corriendo», y que en otras tantas ya estaba ahí, a mi lado sin que yo lo llamara, pero esta vez no vino (cada vez viene menos, pero siempre que viene me recuerda que en realidad nunca se aparta de mi lado, que él siempre está ahí, que soy yo quién no sabe cómo sentirlo presente), y por primera vez en mi vida sentí un miedo irracional y tenía ganas de esconderme en algún lugar seguro.

Nunca me había pasado algo similar. Había dormido bajo las estrellas, dentro de cuevas, debajo de los puentes, entre las ovejas o entre las vacas, en medio del bosque o al lado de un inmenso lago, sin nadie a mi lado, en la más plena oscuridad o bajo el cielo radiante, y nunca había sentido ese miedo, ni siquiera cuando decían que por ahí andaba un lobo o un oso peligroso, unos terroristas, unos bandidos, o una batida de la policía o del ejército. Ni siquiera cuando había oído a lo lejos o de cerca gritos, disparos o truenos. Cuando mucho un miedo racional, algo que podía controlar, dominar o poner remedio, pero nunca como en ese momento, que me sentía completamente desprotegido y a merced de algo que, además, me hacía sentir incómodo, impotente, torpe, e incluso violento e indigno por mi propia cobardía, por mi propio miedo.

Silbé, grité, canté, corrí, bailé, salté e incluso me di unas cuantas bofetadas, como si quisiera despertarme de un mal sueño, pero no logré sacudirme el miedo de encima.

Necesitaba de alguien o de algo, no sabía exactamente qué, pero que me sirviera de compañero, protección o ayuda en ese momento, pero no lo encontré, y, lejos de tranquilizarme, el miedo fue en aumento.

De pronto sentía miedo de cualquier cosa. El corazón me rebotaba dentro del pecho aceleradamente ante cualquier sombra (y había muchas), ante cualquier ruido o ante cualquier silencio profundo. Los ladridos o aullidos lejanos de los perros, me hacían imaginar las peores desgracias para mi persona; y si presentía una cercanía humana, creía que sólo podía venir a hacerme un daño terrible.

Desconfiaba de todos y de todo, aunque ahí no hubiera nadie, y cualquier rama se convertía en un áspid venenosa, y cualquier irregularidad del terreno en una fosa que me estaba esperando para que cayera hasta el fondo, donde me rompería tantos huesos, que no podría volver a remontarla.

Tenía terror a estar solo, y tenía terror a que alguien o algo pudiera estar acompañándome. Si en esos momentos hubiera aparecido un hada o un gnomo, me habría dado un infarto; y si hubiera visto el aura de una planta, habría salido corriendo en sentido contrario.

De pronto ya no quería saber nada de ángeles ni de seres sobrenaturales, sólo quería encontrar un refugio bien sólido, tangible y muy humano.

Sin saber cómo, por fin llegué a un albergue, y me bastó ver la construcción iluminada para calmarme, y el miedo, que me atenazaba hacía unos instantes, desapareció del todo y me dio por reírme de mí mismo y por insultarme.

Todo había pasado y volvía a sentirme seguro y fuerte, pero ni por todo el oro del mundo, esa noche, hubiera puesto los pies otra vez en aquel bosque.

Al otro día fui al banco (aún tenía el dinero de mi abuela engrosado ahora por los intereses), después, con el bolsillo lleno, entré en el mejor hotel de la comarca, fui a la peluquería y me compré ropa nueva, comí lo mejor que pude, y decidí que había llegado el momento de volver a Barcelona.

Dos días más tarde compraba un billete de ida a Barcelona en primera clase, y sin mirar hacia atrás me despedí de los Pirineos. El tren se retrasó en su llegada a la estación, y aún se demoró algo más antes de salir de ella. Creí que viajaría solo, porque en mi compartimento donde los asientos estaban forrados con terciopelo verde no había nadie más

aunque el tren viniera de París, pero unos segundos antes de que el tren se pusiera en movimiento
entraron en mi compartimento de forma atrope-
llada dos mujeres.

Una de ellas era ya mayor y al entrar saludó con
un marcado acento andaluz afrancesado. La otra
llevaba a una niña en brazos, y simplemente sonrió al mirarme, como indicándome mentalmente
que la ayudara, o con la niña o con el equipaje.
La ayudé con el equipaje.

La mujer mayor realizó un alegre monólogo de
más de una hora, contándonos, sin dejarnos meter
baza, quién era, cómo se llamaba, de dónde venía,
adónde iba y curiosos pormenores de su vida, como
que ella nunca había probado el baño, y mucho
menos la ducha, que ella se aseaba con agua de colonia de pies a cabeza, y que se peinaba con un curioso peine de púas largas y cortas intercaladas, que
tenía la virtud de quitarle los piojos y las liendres.
Aquella mujer me recordó a mi abuela, aunque mi
abuela nunca había sido ni alegre ni abierta en vida
(ahora tampoco es muy alegre que digamos, pero sí
bastante abierta), porque hacía el mismo olor a
almendras amargas.

Tras darnos la charla, la buena mujer se dur-
mió con un tronco, y entonces pude poner aten-

ción a la más joven, que justo en ese momento se quitó el chal de la cabeza y se puso el pelo detrás de las orejas, para acercarse a su hija y descubrirle también la cabeza.

Cuando les vi la cara a las dos, me quedé de una pieza: ambas eran, salvo la edad, idénticas. Las dos tenían los mismos ojos de almendra, y el mismo color atigrado de pupilas. Ambas mostraban ese tipo de orejas tan típico de las catalanas pirinaicas, delgadas, alargadas y terminadas en punta, como... ¡Cómo las orejas de las hadas!

En cuanto ese pensamiento pasó por mi mente, la joven mujer elevó la mirada, me observó de arriba abajo, sonrió levemente y me dijo:

—También somos humanas.

—Pero tu hija es una hadita —se me escapó decirle.

—Pues es aún más humana que yo —me contestó entre enfadada y divertida, como si se estuviera burlando de mí—, y en realidad no somos precisamente de la raza de las hadas.

¿Entonces de qué raza son?, pensé, y ella me respondió en voz alta:

—Cuando leas *El Señor de los Anillos* lo sabrás, porque nuestros antepasados vienen de la Tierra Media.

Hubo un tiempo en que los humanos convivieron directamente
con seres que hoy nos resultan fantásticos

No sé por qué, pero de pronto tuve dos sensaciones encontradas ante aquellas «hadas», un poco de miedo irracional y mucha curiosidad, y la curiosidad venció de inmediato al miedo. Ella se percató de mis sensaciones, y empezó a contarme cosas que algo o alguien dentro de mí quería preguntarle.

Un cuento de hadas

—Hace mucho, pero mucho tiempo», empezó a contar la joven mujer con rasgos de hada, «el Mediterráneo era conocido como el Mar Interior, y esta Tierra que ahora cruzamos en tren, era conocida como la Tierra Media, y aquí mismo convivían muchos seres de distintas razas, y cuando digo razas, quiero decir verdaderas razas, donde los humanos, rojos, blancos, negros, cobrizos o amarillos, eran lo que en realidad son, una sola raza. Las otras razas estaban formadas por elfos, hadas, gnomos, duendes, troles, híbridos, enanos y un sinfín de otros seres, unos más densos que otros, y unos más etéreos que los demás. Había una raza de enanos perfectos, que no son como los enanos de ahora, sino más bien como los pigmeos, aunque los pigmeos se hayan vuelto tan humanos como tú o como nosotras.

»Tú, obviamente, perteneces a la raza de los humanos de las planicies, y por tus venas corren tanto la sangre del Cromañón como del Neanderthal, pero en tu mirada se adivina que has visto cosas extraordinarias, y eso quizá te sirva un día para que evolucione tu consciencia.

»Todo evoluciona en este mundo, y aunque los dioses, que siempre han estado un poco locos, os dejaron la Tierra a los humanos, no sé si por ser los más indicados o simplemente por ser los más densos, y muchos de los nuestros tuvieron que evolucionar y adaptarse a los nuevos tiempos, o bien, quedarse estancados y haberse quedado del otro lado de la realidad, donde están los menos densos.

»Mis antepasados, como es obvio, se quedaron de este lado de la realidad, y con el tiempo se pudieron mezclar con los humanos. Hay que reconocerlo, vuestros genes son más dominantes que los nuestros, pero eso no impide que nuestra sangre siga caminando. No te lo tomes como una ofensa, pero muchos de nosotros preferiríamos que nuestros antepasados se hubieran ido al otro lado cuando los ángeles llamaron a los elfos y a los magos a la evacuación.»

Por un momento pareció enfadarse y ponerse triste, pero se recuperó de inmediato y continuó:

—Tú ya sabes que algunos gnomos y algunas hadas son capaces de saltar de uno a otro lado. Algunos de ellos aún se pueden tocar de este lado. Pero los elfos, por ser tan cercanos a los ángeles, porque son fríos e inmortales como ellos, sólo se pueden ver de vez en cuando, pero no tocar —suspiró—, y pensar que antes se podían tocar todos... Pero en fin, la Tierra dio un vuelco en alguna esquina lejana de la galaxia, y ya no fue posible que todos siguiéramos juntos... Quizá cuando la Tierra llegue a otra esquina de la galaxia, podré volver a ver y a tocar a los míos.

»Los humanos habéis tenido suerte, porque las nuevas condiciones os iban mejor que a nadie, y eso os ha permitido adelantar mucho en muchos terrenos, tanto, que hoy se puede decir que estáis por encima de algunos seres menos densos que vosotros y que antes os adelantaban con creces.

»Pero no te lo tomes a mal, porque siempre habéis estado por encima de los que son más densos que vosotros, ésos que llamáis demonios y que en su mayoría no son más que elementales, más conscientes y autónomos que los animales, porque al menos los elementales hablan, pero tan extremadamente densos los pobres que sólo pueden moverse entre las sombras. Si los humanos pudieran recordar lo obedientes que eran los elementales con vosotros, haríais verdaderas diabluras, ¡menos mal que tenéis esa capacidad para beber del néctar del olvido vida tras vida!, porque si no seríais realmente tremendos... Quién sabe, quizá después de todo los dioses no están tan locos.

»¿Sabes por qué ves cosas raras?, porque estás tocado por un ángel —lo dijo de una manera que se me erizó la piel—, y eso tiene sus ventajas y sus inconvenientes... Si no hubieras olvidado los recuerdos de tu linaje, recordarías que los ángeles os quisieron tener como vosotros teníais a los elementales, pero vosotros, los humanos, siempre habéis sido mezquinos y desobedientes, mientras que los elementales son simplemente torpes... Disculpa, no es nada personal, es que es así..., bueno, era así, ahora hay unos cuantos humanos, muy pocos, que no son como tus antepasados..., al fin y al cabo yo también tengo bastante de humana..., en fin, el inconveniente es que a los humanos la iluminación no os conviene demasiado pronto, porque corréis el peligro de adquirir rasgos de ángel, y esos rasgos no van nada bien ni con el tipo de mundo que habéis creado, y mucho menos con vuestra manera de ser..., esa manera de ser tan emocional, cuando los ángeles son terriblemente pragmáticos y racionales. Quizás algún día lleguéis a ser como ellos, pero para eso todavía faltan unos cuantos miles de años. Así que no corras, porque tú, tienes que entenderlo, no eres ningún ángel todavía.»

En ese momento sentí una gran necesidad de ir al lavabo, y me levanté como un resorte de mi asiento. No entendía muchas de las cosas que aquella mujer de orejas de hada me decía, pero a la vez estaba muy interesado en oírlas, así que le pedí que me disculpara y le aseguré que volvería de inmediato.

No me dilaté mucho en el lavabo, y al volver me encontré al revisor que le preguntaba a la mujer mayor que cuántos íbamos en el compartimento, ella le dijo que dos personas, y yo me apresuré a decirle que no, que íbamos cuatro personas, tres adultos y una niña.

La mujer me miró como si yo estuviera loco, e insistió que en ese compartimento sólo estábamos ella y yo. Me reí de ella y le pregunté que de quién era entonces el equipaje que yo había subido al altillo y que tan claramente se veía, y ella respondió desenfadadamente que era de ella. Le grité que si podía demostrarlo, y ella tan tranquila, ayudada por el revisor que estaba intrigado ante la posibilidad de un par de polizones, bajó todas las maletas, las puso sobre el asiento forrado de terciopelo verde, las abrió y mostró sus grandes bombachos, su peine contra los piojos, su agua de colonia, sus zapatos, finalmente sacó su pasaporte y comparó su nombre con el que estaba grabado en las empuñaduras del juego de maletas y neceser.

El revisor se fue silbando cuando la mujer empezó de nuevo a hablar de sus hábitos de higiene personal, yo quería que la tierra me tragara, pero en cuanto el revisor estuvo lo suficientemente lejos quise sonsacar a la anciana, que me seguía mirando como si de verdad yo estuviera loco, y de la cual sólo saqué una reprimenda por asustarla al hablarle de mujeres con orejas puntiagudas que no existían, y la tarjeta de un sobrino suyo que era psiquiatra y que no cobraba caro, al que me recomendó efusivamente mientras le llevaba las maletas a otro compartimento porque no quería hacer lo que restaba del viaje al lado de alguien como yo.

Yo también cambié de compartimento y escogí uno casi lleno de gente, porque tampoco quería estar conmigo mismo a solas, y también porque el miedo irracional amenazaba con apoderarse nuevamente de mí tras aquella extraña situación que ahora no podía incluir dentro de la imaginación, las fantasías, los viajes astrales, las visiones nocturnas o los sueños, sino que había vivido en directo y en tiempo real, tan real y tangible como el hombre gordo que ahora tenía al lado y que casi me aplastaba contra la ventana, y que esquivaba educadamente mis intentos por entablar conversación, una conversación intrascendente que me ayudara a olvidarme de todo. Quería ser un buen humano y beber del tranquilizador néctar del olvido.

III

LA TIERRA, UN REFUGIO PROTEGIDO

Cierra los ojos, respira suavemente
y busca la fuente de aliento divino,
para que te eleve hasta Rafael,
el Arcángel que todo lo sana.

3ª Meditación

No me costó nada encontrar trabajo y casa en Barcelona. Estábamos en 1977, y a pesar de la crisis y la inflación tuve la suerte que un joven y poco ortodoxo empresario me «contratara» para vender libros en plena calle. La comisión era buena y muy pronto descubrí que, a pesar de mi talante frío y solitario, era un buen vendedor de libros, y también, cosa que nunca antes hubiera sospechado, me descubrí a mí mismo como un ávido lector, porque en menos de tres meses prácticamente devoré todos los títulos que tenía en la parada, desde *El Capital*, de Karl Marx, hasta *La pervertida*, de un desconocido y prolífico autor, José María Cañas, pasando por los clásicos más habituales de la literatura española y universal.

Visité al psiquiatra en cuanto estuve instalado y tuve la seguridad de poder ir pagando las consultas, y puedo decir que me ayudó más de lo que esperaba, ya que sólo me atendió «profesionalmente» una vez, es decir, que me cobró sólo una consulta, porque en cuanto le empecé a exponer mi caso, me cortó en seco y se apresuró a contarme el «suyo», y a la semana siguiente ya me tenía preparado el material con el que me demostraría que «él tampoco estaba loco».

Me dijo que todos tenemos un poco de esquizofrenia, pero que mientras fuéramos conscientes de ello y pudiéramos dominar la situación, no había ningún problema. Le conté lo de mi miedo irracional, y me dijo que estaba peor cuando no tenía miedo de nada. Para tranquilizarme, porque yo insistía en que mi cabeza no funcionaba correctamente, me hizo unos análisis para demostrarme que mis funciones hormonales y neurológicas funcionaban más o menos correctamente, como le funcionaban a la mayoría de la gente.

También me comentó que mis alucinaciones no eran tales alucinaciones, y que un enfermo de pulmonía con 42° de fiebre constante podía tener mejores alucinaciones que las mías en cualquier caso.

También me hizo varios tests y concluyó en que yo tenía problemas afectivos, que era bastante apático y que quería racionalizar demasiado las cosas, pero que fuera de eso podía hacer y llevar una vida completamente normal.

De vez en cuando me señalaba alguno de mis defectos, pero la mayoría del tiempo lo empleaba en hablar de sus temas favoritos: las psicofonías, los vídeos impresionados por fantasmas o entidades misteriosas y los extraterrestres.

A mí, la verdad, él me parecía más loco que todos sus pacientes juntos, y sus experimentos «científicos» relacionados con seres de otros mundos o del más allá me parecían una soberana tontería, y al juzgarlo a él, me juzgaba a mí mismo, y me moría de vergüenza sólo de pensar que alguien pudiera enterarse de las cosas que me habían pasado, de las experiencias que había tenido, porque presuponía que los demás se burlarían de mí y me señalarían con el dedo, de la misma manera que yo señalaba a mi psiquiatra.

Cómo podía esperar que los demás me entendieran si yo era incapaz de entender las experiencias paranormales de otras personas. La única explicación lógica que podía sacar de todo aquello era que, a pesar de los tests y de los análisis, yo estaba completamente loco y sufría alucinaciones. No tenía la más mínima cultura para definir mi «enfermedad», pero sabía que lo mío no era normal.

Para colmo, en tres o cuatro semanas me encontraba completamente entusiasmado con los experimentos de mi psiquiatra, aunque por otra parte siguiera pensando que eran una soberana tontería.

No entendía, por ejemplo, qué interés podía tener un fantasma en regresar a la tierra o en andar grabando su voz lastimera en un aparato moderno, y tampoco entendía qué sentido podía tener que unas imágenes extrañas se grabaran en una cinta de vídeo que se pasaba la noche filmando a un aparato de televisión en un canal sin señal televisiva.

Fue entonces cuando, por fin, empecé a cuestionarme y a preguntarme cosas a mí mismo.

¿Por qué? ¿Para qué? ¿Hasta cuándo? ¿De qué servía, qué fin tenía, qué sentido, a qué nos llevaba, cómo encajaba todo aquello en nuestro mundo material? Todo eran procesos intelectuales, o procesos químicos que se llevaban a cabo dentro de nuestros cerebros, pero, incluso esos procesos y esas elucubraciones mentales, ¿qué sentido tenían, por qué sucedían, a qué nos llevaban?

¿Y el alma, qué era el alma?

¿Y el espíritu, qué era realmente el espíritu?

Y, en definitiva, ¿quiénes éramos nosotros, los seres humanos, y qué hacíamos en este mundo olvidado?

Me dolía la cabeza de pensar en conceptos como infinito, eternidad, desfase espacio temporal, plan divino, etc., porque todos ellos, en lugar de aclararme las cosas y darme unas reglas exactas con las que pudiera yo medir lo que pasaba y lo que me pasaba a mí, me confundían más.

También me espantaba la idea de ser sólo un accidente biológico, de formar parte de un mundo único y excepcional donde se había dado este extraño fenómeno que llamamos vida. Cada vez que pensaba en ello, me daba un ataque de soledad infinita, porque me imaginaba a la humanidad como la única habitante de todo el cosmos, una raza perdida en un pequeño planeta, sin amigos, compañía, hermanos o lo que fuera en todo el espacio sideral.

¿Cómo podía sentirme solo en un lugar donde hay miles de millones de personas? No lo sé, pero así me sentía.

Terapia de grupo

Una vez que agotamos las psicofonías y las fotos de ovnis, y ante las nuevas inquietudes que se iban introduciendo en mi alma, mi psiquiatra me dijo, como si lo hubiera descubierto de pronto, que lo que ahora me convenía, y que quizás era lo que me habría convenido desde siempre, era asistir a las terapias de grupo que se celebraban en su consultorio los miércoles por las noches,

—Ya es hora —me dijo— que empieces a compartir con los demás todo lo que llevas dentro. No es sano que te guardes tus cosas en un rincón del cerebro.

No sé por qué lo hice, pero acepté su invitación, y como en la venta de libros no me iba nada mal, añadir un gasto más en mi recuperación mental no parecía nada caro.

Yo tenía muchos prejuicios al respecto, e incluso pensé que en la terapia me encontraría con un grupo de chalados incontrolados, llenos de traumas y problemas sexuales, pero no fue así, porque viniendo la terapia de quien venía, tenía que haber esperado lo que finalmente me encontré: una serie de personajes que tenían problemas similares a los míos.

Digamos que todos estábamos impregnados por el mal de las ciencias ocultas, y aunque yo no veía mi problema dentro de ese marco, pronto descubrí las vinculaciones que había entre mis ángeles, amigos invisibles, visiones vívidas, voces que se posaban en mis oídos, hadas y auras, y las creencias de otros mundos, otros seres, iluminaciones, adivinaciones y demás aspectos del pensamiento humano relacionados con la magia, la religión y las creencias.

La gente del grupo resulto ser mucho más normal de lo que me esperaba, y más que una terapia psicológica que pudiera servirnos para poner los pies en tierra, las reuniones resultaron una especie de veladas dedicadas a las ciencias ocultas o alternativas, donde la única realidad objetiva que compartíamos era el espacio físico, que aunque parezca una tontería, era suficiente para recordarnos que más allá de todas las ilusiones, sensaciones o aspiraciones, seguíamos estando nosotros mismos y nuestra realidad inmediata. Esto nos lo dejó muy claro el moderador, mi amigo el psiquiatra, que además de ser el moderador era uno más entre nosotros, es decir, que también esperaba su turno para explicar su visión mágica y religiosa del mundo.

El grupo, principalmente, se componía de un astrólogo, una vidente, un iluminado que se creía Cristo, un contactado con los ovnis, una parapsicóloga, un curandero, un orientalista, una médium, un cabalista, el psiquiatra y yo «el de los ángeles», como me llamaban todos. De vez en cuando aparecía uno que otro personaje que nos traía una novedad o un problema diferente a los nuestros, pero no duraban más de dos o tres sesiones.

Los que más me impresionaron, personalmente, fueron el astrólogo, por su sabiduría, y el contactado, por su devoción y delirante entrega a su tema.

Nada más verme, el astrólogo me dijo: «Seguro que tú eres Acuario ascendente Virgo, o Virgo ascendente Acuario», y como acertó tan claramente, me quedé boquiabierto. Luego me habló de mi vida y de mi forma de ser, e incluso repitió frases que yo a menudo decía, y, por si fuera poco, también sabía mis debilidades y parte de lo que me sucedía. Por supuesto, yo de inmediato lo tomé por un brujo, un mago o un adivino, pero él se rió en mis barbas y me confesó que no estaba adivinando nada, que simplemente estaba utilizando la información que le daba la Astrología, es decir, que me decía lo que sabía, tal y como estaba escrito desde hace miles de años en los libros, y no lo que creía, lo que adivinaba o lo que intuía. «El saber es la verdadera magia del mundo», me dijo, «porque la información es poder.»

La otra persona que me impresionó, y no precisamente por la certeza de sus palabras, fue el contactado por los ovnis. A mí me parecía el más obsesivo y «loco» de todos, pero al principio no me atreví a atacarlo directamente por dos motivos: uno, porque interiormente me veía reflejado en él porque sus visiones eran como las mías, sólo que trasladadas a los extraterrestres; y dos, porque era el preferido de mi psiquiatra en muchos sentidos.

El contactado era todo un erudito en el tema de los ovnis y tenía fotografías y grabaciones que ponían los pelos de punta; menos mal que todas sus previsiones al respecto siempre resultaban erróneas o falsas, porque de no haberlo sido sus extraterrestres se hubieran sumado a mis ángeles, demonios, hadas y faunos. Yo sentía verdadero repudio por el contactado, y, sin embargo, en cuanto tenía la oportunidad me lanzaba a preguntarle cientos de cosas, como si una parte de mí quisiera convencerse del todo de la realidad o la falsedad de sus palabras. El tema ovni me molestaba hasta la irritación, ¡porque era el que más ilógico me parecía!, y al mismo tiempo era el que más me llamaba la atención.

No podía soportar la idea de que los extraterrestres tuvieran ese halo de superioridad, y al mismo tiempo hubiera pagado todo lo que tenía por conocerles.

Por las noches tenía verdaderas pesadillas con ellos, e incluso los relacionaba con las pesadillas que había tenido de niño, cuando nadie me había hablado de ovnis ni extraterrestres, y durante el día elevaba la mirada al cielo en busca de una señal o de un plato volante. En mis sueños luchaba contra ellos a muerte, y durante el día esperaba verlos camuflados entre la gente. El tema llegó a obsesionarme y los extraterrestres llegaron a convertirse, para mí, en símbolo de mala suerte. Si los soñaba un lunes, sabía que el martes será un mal día de ventas, o bien, que ese día tendría problemas, pérdidas o algún accidente.

Sobre los extraterrestres

Esto es, en líneas generales, lo que el contactado nos dijo sobre los ovnis y los extraterrestres.

- No todos los extraterrestres son iguales, los hay buenos, malos, tontos, inteligentes, materialistas y espirituales.
- Algunos se parecen a los humanos, pero otros son verdaderos monstruos a nuestros ojos.
- Pueden venir de otros mundos, invirtiendo un gran gasto energético al hacerlo; o bien, llegar hasta aquí por otros medios, porque también los hay que pertenecen a otras dimensiones.
- Y no sólo eso, también hay intraterrestres, es decir, seres que también viven en este mundo, ya sea en otras dimensiones, en el fondo del mar o en las cavernas que en hay en las capas internas de la tierra.
- Algunos son casi como nuestros hermanos o nuestros antepasados, es decir, que podríamos ser compatibles incluso genéticamente, mientras que otros no tienen nada que ver con nuestra raza.
- La gran mayoría de ellos vienen a estudiarnos, y tienen prohibido entremeterse en nues-

tra evolución o desarrollo, aunque algunos, los menos, a veces han intentado interferir en nuestros asuntos.

- Entre los que más nos visitan hay dos facciones bien distintas: los angelicales de apariencia humana, y los bajitos, que ante nuestros ojos pueden resultar chocantes o incluso feos. Los bajitos son cabezones y de grandes ojos almendrados completamente negros, y más de una vez se han estrellado contra la tierra.

- Tanto los de apariencia angelical como los bajitos interfieren a menudo, pero casi nunca más de la cuenta, en los asuntos humanos. Los angelicales lo hacen de una manera personal y directa sobre gente determinada que ellos eligen; y los bajitos sólo contactan con gobiernos poderosos o gente importante.

- Los angelicales han tenido mucho qué ver con las religiones; y los bajitos han tenido mucho qué ver con la tecnología y los asuntos gubernamentales. Y en ambos casos dichas injerencias han tenido lugar sin que ellos se lo hubieran propuesto.

- Ambos forman parte de la federación interestelar que protegen planetas, como el nuestro, de posibles ataques y saqueos.

La Tierra es un Parque Natural protegido por las huestes angelicales.

- Las leyendas y los libros sagrados antiguos recogen las batallas que han tenido lugar en nuestro cielo.

- Los extraterrestres contactan con los humanos de vez en cuando, a veces por accidente y en ocasiones por expreso deseo, pero no lo hacen abiertamente porque saben que no estamos preparados para recibirlos y tampoco para entenderlos, por eso han creado una especie de red mental, una especie de telepatía de protección, para que los olvidemos o no hablemos mucho de ellos.

- Esto lo hacen, entre otras cosas, porque el contacto continuado con ellos puede resultar nocivo para nuestras frágiles mentes, de ahí los grandes problemas psicológicos que sufren la mayoría de los contactados y de los abducidos. El simple contacto con las vibraciones mentales que producen sus cerebros pueden causar alteraciones en los nuestros.

- Ellos visitan la Tierra desde antes de que los humanos la poblaran, y es muy posible que hayan tenido algo qué ver en la aparición de la raza humana sobre este planeta.

- Es muy posible que en la antigüedad se hayan mezclado con los seres humanos, con lo que algunos de nosotros podríamos ser sus descendientes.

- Seguramente los de apariencia angelical conviven con nosotros en nuestros días, ya sea de forma más o menos permanente o puntual.

- Algunos contactan telepáticamente con los humanos, pero también lo hacen a través de medios tan corrientes como las cartas o el teléfono.

- La mayoría de la gente los quiere y los acepta, pero también hay humanos que los persiguen, como los Hombres de Negro.

- Los gobiernos niegan su existencia porque no quieren que haya ningún poder superior al suyo, y porque saben que la población, convertida en masa ante un suceso tan extraordinario, puede reaccionar negativamente.

- Mientras la humanidad no esté preparada, no se mostrarán abiertamente.

- Mientras tanto, cuidarán al planeta y a los seres que hay en ella, incluidos los humanos, para que no suceda nada extremadamente malo, como sucedió en Marte con los marcianos.

Digamos que esto era lo más lógico que citaba nuestro contactado, ya que las demás cosas que decía de sus extraterrestres eran verdaderos disparates que le servían más de pretexto para justificar los actos de su propia vida, que para cualquier otra cosa.

Decía, por ejemplo, que él se ponía en contacto por medio de la Ouija, porque desde que había empezado a fumar no podía contactar con ellos telepáticamente. «Fumar densifica», aseguraba, «y quién fuma no puede subir a sus naves ni hablar mentalmente con ellos.» También decía que una hermosa extraterrestre estaba enamorada de él, y que en cuanto dejara de fumar se lo llevaría con ella a otro mundo; y más de una vez anunció que sus amigos extraterrestres bajarían en medio de la Plaza Cataluña, pero no bajaron nunca. Por supuesto, lo acompañamos dos o tres veces a puntos clave, en las montañas o en las islas, donde nos aseguraba que se veían ovnis continuamente, pero nunca vimos ninguno, a pesar de que la mayoría de nosotros padecía habitualmente algún tipo de alucinación. El contactado odiaba al astrólogo, porque éste nos descubrió a Saturno, a Venus y a Marte, donde el contactado veía sendas naves nodrizas.

Yo, a pesar de todo, seguí interesado por los extraterrestres del contactado durante varios meses, porque veía en ellos, de la manera que él los señalaba, muchos paralelismos con mis ángeles y con las historias que me había contado Jabel sobre las huestes angelicales las veces que, queriendo o sin querer, subía yo al archivo.

En una de estas «subidas», Jabel me dijo que los extraterrestres, tal y como los describía el contactado, sí existían, pero que no eran ángeles ni por asomo, ya que los extraterrestres, a diferencia de los ángeles, sí tenían un cuerpo material o energético que necesitan cuidar y alimentar, como los elfos o las hadas, mientras que los ángeles, los verdaderos ángeles, jamás tenían sed, hambre, sueño, dolor, cansancio, frío, calor, necesidades energéticas o materiales ni nada por el estilo.

—De hecho —me dijo—, todo lo que ves cuando sales de tu cuerpo material, no tiene nada qué ver con extraterrestres, ovnis ni habitantes de otros planetas materiales, por etéreos que sean los extraterrestres o sus planetas.

Lo que no me respondió Jabel, fue por qué estábamos tan solos y tan alejados de otros planetas habitados, si es que realmente los había, pero sí me aseguró, como lo hacía constantemente el contactado, que la Tierra era un espacio protegido por diferentes fuerzas, tanto materiales y extraterrestres, como espirituales, y que eso lo podía comprobar yo mismo todos los días, porque a la Tierra no llegaba nunca una catástrofe sideral, ni era atacada desde fuera por nada ni por nadie. Ni siquiera los demonios que vivían en ella podían hacer nada en su contra, porque sólo los seres humanos, los actuales herederos del planeta, tenían en sus manos esa terrible posibilidad, pero incluso los humanos habían sido detenidos más de una vez por las fuerzas exteriores para que no cometieran la locura final.

—La Tierra ha pasado por muchos terrores, guerras y catástrofes, antes de los seres humanos, en los tiempos de las hadas, cuando los ángeles poblaron el planeta, y también con los seres humanos como únicos protagonistas —me dijo Jabel—, pero de momento y desde hace 12 mil años, y muy posiblemente durante los dos mil años siguientes, la Tierra está viviendo una época de estabilidad protegida. Lo que suceda después de estos dos mil años, sólo Dios lo sabe.

Jabel sonrió casi de manera burlona cuando me dijo estas últimas palabras, y yo me sentí como el más ignorante y desprotegido de los seres, porque si bien mi Ángel de la Guarda me estaba dando mucha información, yo no la comprendía del todo, y tampoco tenía una prueba material de todo aquello, por lo que, a pesar de estar experimentando lo que experimentaba, no acababa de creérmelo.

Aparentemente cada vez tenía más respuestas, pero yo sentía que sólo aumentaban mis dudas y mis preguntas, y lejos de sentirme mejor, sólo me sentía más confundido, y, en lo que concernía a lo que yo consideraba una anomalía mental de mi cerebro, tampoco mejoraba, ya que aunque no volví a sentir ese miedo irracional que me atormentó en los Pirineos, mis visiones auditivas y visuales continuaban: en la ciudad sólo vi a un gnomo, pero a ningún elfo y a ninguna hada; las auras habían perdido intensidad ante mis ojos, pero todavía de vez en cuando me sorprendía a mí mismo observando el aura de tal o cual persona; lo que sí veía de vez en cuando eran fantasmas, y eso, aunque no me daba miedo, porque no eran fantasmas como los de las películas, si me molestaba o me ponía en guardia, porque me recordaba que mi mente no funcionaba con normalidad.

En suma, que las terapias de grupo no me parecieron de provecho, y tras 18 meses de asistir a éstas, las dejé de lado. Mi amigo y psiquiatra no me lo echó en cara, al contrario, se disculpó por no haberme sido de utilidad, al menos bajo mi perspectiva. Yo insistía en que estaba loco, paranoico o esquizofrénico, que algo no me funcionaba bien en el cerebro, y él insistía en que yo no tenía nada de nada.

Un buen día, curiosamente el día que yo cumplía 23 años, me dijo que estaba harto de mí, tanto o más que yo de él, y me llevó a una institución mental en la que prestaba sus servicios, para que viera con mis propios ojos y de cerca a los verdaderos enfermos mentales.

Quedé muy impresionado, y me sentí como un estúpido, pero también me sentí extrañamente protegido, como lo estaba la Tierra, y no sé por qué, pero tuve la certeza de que no iba a pasarme nada malo, porque tenía que seguir mi camino, al igual que nuestro planeta tenía que girar alrededor del sol, y que mientras siguiera mi camino nada ni nadie podría hacerme daño.

Ese mismo día conocí a la que actualmente es mi mujer, y aunque no entable conversación con ella hasta un par de meses más tarde, simplemente con verla supe que ella sería mi mujer, y hasta me pareció que la conocía de toda la vida, o, mejor dicho, de muchas vidas. Tenía el rostro blanco y terso, como el de una niña, los ojos enigmáticos y negros, y al verla, de lejos y sin que ella me prestara atención, se echó el pelo hacia atrás, ¡y su oreja derecha era puntiaguda!, de no haber sido porque sabía perfectamente que ella era hermana de un compañero de trabajo, hubiera creído que era otra hada que quería gastarme una mala broma.

Ese mismo día seguí el peor de los consejos del contactado, el más ilógico y el más descabellado: empecé a fumar tabaco, algo que nunca había hecho en mi vida, y a tomar una que otra copa de alcohol. Quería densificarme, alejarme de mi mundo interior de luces y sombras, dejar de oír voces y de ver cosas; ser tan denso que mi cuerpo astral no pudiera desprenderse de mi cuerpo físico; tan denso que no se le ocurriera a ningún extraterrestre, intraterrestre o ser astral entrar en contacto conmigo; tan poco espiritual como para que Jabel no me volviera a llamar, tocar o elevar (si me tenía que cuidar, que lo hiciera, pero manteniendo la debida distancia, como hacían los otros ángeles de la Guarda con sus protegidos); tan materialista y pesado como una tapia, para que no hubiera nada fuera de lo normal que me atrajera.

Fue una idea descabellada, lo sé, pero me funcionó durante mucho tiempo. Además, estar enamorado ya era suficiente estado alterado de la conciencia, y no me hacía falta ninguna alteración más. Para mí el tabaco y una que otra copa fueron mejor medicina que las pastillas del psiquiatra y que todas las terapias de grupo juntas; fueron el licor del olvido, el néctar que borró de mi mente durante varios años todo lo referente a lo paranormal. Los ángeles se mantuvieron en el cielo, y yo me quedé la mar de tranquilo sobre la Tierra, esta Tierra protegida.

IV

¿DE DÓNDE VIENEN LOS SERES HUMANOS

Cierra los ojos, respira con sentimiento
y busca dentro de tu alma,
hasta que encuentres a Miguel,
el Arcángel que siempre te acompaña.

4ª Meditación

Cuando uno se siente «diferente» a los demás, al menos en mi caso, intenta por todos los medios ser como el grueso de la gente, mientras que los que se sienten «normales», porque no han tenido nunca una experiencia sobrenatural, harían cualquier cosa por pasar a formar parte de los «diferentes».

Tal parece que los seres humanos siempre quieren lo que no tienen, o bien, siempre lloran por lo que han perdido en lugar de valorar lo que les queda.

Seguramente todos los seres humanos, sin excepción, tienen dones y son lo suficientemente sensibles como para experimentar fenómenos que van más allá de lo tangible o de lo explicable.

Muchas de las cosas «raras» que experimenta el ser humano suceden en la infancia, pero como los adultos y la vida se empeñan en hacer «crecer» a los niños, la gran mayoría de dichas experiencias pasan a formar parte del olvido o de vagos recuerdos en el mejor de los casos.

Cuando un niño que apenas sabe hablar les dice a sus padres que recuerda que en otro tiempo él era el papá y ellos los niños, lo dice porque así lo recuerda y no porque quiera ganarse un lugar entre los adultos, y cuando ve cosas y oye cosas, o tiene sólidos amigos invisibles, es que ve, oye y tiene, y no que se lo invente maliciosamente para llamar la atención, como creen los adultos. Pero el mismo niño ha de enfrentarse a la realidad del mundo al que le ha tocado venir a vivir, y más tarde o más temprano va dejando sus recuerdos atrás y se va integrando a la vida diaria, donde no cabe el mundo mágico que recuerda y sólo funciona la magia del engaño o de la imaginación desbordada.

En el ser humano hay genes animales y aliento espiritual
de los Ángeles.

El niño aprende a imaginar dentro de los parámetros que le marca la realidad social y ambiental,
y deja de imaginar dentro de sus propios parámetros, y a medida que se va haciendo grande incluso deja de imaginar en cualquier sentido.

Los filósofos se han preocupado desde siempre
por el numen original de los recién nacidos, y se
han preguntado constantemente qué sabe el niño
al nacer, qué entiende, cuáles son sus capacidades

cognitivas nada más llegar a este mundo. Algunos, como los empiristas del siglo XVI, suponían que los niños ya nacían con algunos conocimientos, y aunque no lo definen de la misma manera, muchos ginecólogos y psicólogos actuales piensan lo mismo, ya que, según las tendencias modernas, los niños aprenden desde el estado prenatal parte de lo que está sucediendo fuera del útero de su madre.

Entre los hebreos anteriores a nuestra Era, había la creencia de que la consciencia o el alma del bebé era insuflada a los 13 o 14 días del embarazo, y muchas de las religiones basadas en la Biblia siguen creyendo lo mismo (y esa es una de las razones por las que el aborto les parece tan abominable), con lo que presuponían que el bebé ya era un ser completo, que pensaba y sentía, desde ese momento, porque el alma que se instalaba en la carne ya tenía ciertos conocimientos y ya había estado en contacto con la divinidad.

Entre unos y otros nos mueven a preguntar: ¿Existíamos antes de nuestro nacimiento como seres humanos?

A menudo nos preguntamos si después de la muerte física hay algo más, y esa es una de las más grandes preocupaciones del ser humano, pero muy pocas veces nos preguntamos si antes de nacer hay algo más, ¿lo hay?, o somos simples conformaciones biológicas que vamos evolucionando y adquiriendo el alma con el paso de los años, o bien, sólo somos conformaciones biológicas y nada más.

Los niños tienen un magnífico sentido de pervivencia, para ellos la vida no tiene principio ni fin, y a menudo se extrañan de que las cosas y la gente pudiera haber existido antes de ellos, sin ellos, y difícilmente aceptan su papel de recién llegados, porque ellos sienten que, de alguna manera, siempre han estado aquí.

Si lo miramos desde el punto de vista estrictamente físico, y si tomamos en cuenta que la materia del universo es finita y que ha sido la misma desde el principio de los tiempos, si es que ha habido realmente un principio, resulta que en cierta manera somos eternos materialmente, ya que nuestros átomos y electrones son exactamente los mismos que hace miles de millones de años, y que seguirán siendo los mismos dentro de muchos miles de millones de años más, incluso si el universo que conocemos ahora se destruyera.

Pero, obviamente, este no es el tipo de eternidad y pervivencia que manifiestan los niños. Ellos, desde muy pequeños, se sienten parte integral de nuestra vida y de nuestras creencias tal y como las entendemos los adultos. Desgraciadamente, esta lucidez infantil apenas si dura unos cuantos meses desde que el niño aprende a hablar hasta que lo socializamos o hasta que le barramos el paso con nuestro punto de vista completamente adulto que considera a los niños como inocentes que no saben apenas nada, y que lo que dicen no es más que producto de su infantil imaginación.

Si nos hablan de seres de luz, de hadas, de gnomos o de ángeles, lo mismo que si nos hablan de una posible vida pasada en la que jugaban otro rol diferente al de su vida actual, simplemente pensamos que ve demasiada televisión o que se deja influir por los vídeo juegos, o, en el último de los casos, que vive en las nubes como lo han hecho los niños de todos los tiempos, pero en ningún momento creemos que lo que nos dicen tenga algo que ver con la realidad.

¿Qué es la realidad?

Para las religiones orientales este mundo en el que vivimos y que nos parece tan sólido y real, no es en realidad el mundo verdadero. Dicen que este planeta y todo lo que hay dentro de él no es más que

Maya, pura ilusión. El budismo señala claramente que en este mundo estamos completamente dormidos, y el hinduismo nos recuerda que no somos una realidad, sino que formamos parte del sueño de Vishnú, un sueño del que ni siquiera tiene plena consciencia el dios; por eso, cuando se despierte, todo lo que creemos sólido y real desaparecerá para siempre jamás, porque en realidad nunca ha existido más allá de dicho sueño divino.

Nosotros mismos, cuando soñamos, creamos otros mundos, otros seres, otras realidades, y cuando despertamos dichas realidades oníricas se desvanecen como si nunca hubieran existido. Si nos despertáramos de esta vida, dice el budismo, tomaríamos consciencia de la verdadera realidad y nuestra existencia se diluiría en nuestra memoria como lo hacen los sueños.

¿Estamos despiertos o dormidos? ¿Vivimos en una realidad verdadera o todo es producto de nuestra imaginación mientras dormimos? Hay sueños tan vívidos, con historias tan largas, que se confunden fácilmente con esto que creemos real y tangible, e incluso hay sueños que se mezclan con nuestra realidad, ya sea para predecir hechos que han de suceder en un futuro o para crear mundos y hasta vidas paralelas a las que llevamos en este planeta.

Creemos que ésta es la verdadera realidad y no ninguna otra porque ésta la podemos compartir con otras personas; pero olvidamos que los sueños también los compartimos con las personas que están dentro de ellos. Recuerdos y olvidos, memoria y asimilación de datos, es a lo que se reduce finalmente la experiencia vital sobre este mundo, de tal manera que llegamos a creer que somos lo que recordamos de nosotros mismos.

Y si la vida más real y directa, la que vivimos día a día y compartimos con la sociedad, con los amigos, los seres queridos y los familiares, no es más que memoria y asimilación de datos, ¿qué sucede con la gente que carece de recuerdos o que no puede asimilar datos recientes? ¿No están vivos? ¿No existen? ¿Su realidad no es esta realidad? ¿Qué imaginan, qué sienten, qué sueñan?

Todo lo que no está dentro de nuestra «normalidad» se escapa fácilmente de nuestra comprensión y de nuestro entendimiento, y si la realidad misma, la que experimentamos en esta vida, se escapara de nuestros parámetros actuales, simplemente dejaría de serlo, y ya no sería la realidad, sino un mar de confusiones en el que nadaríamos hasta adaptarnos a él, o bien en el que moriríamos y desapareceríamos por no poder soportarlo.

De esta manera la realidad se convierte simplemente en una conveniencia que comparten unos cuantos miles de millones de personas, pero nada más, ya que todos aquellos que se salen de la norma (un 4% aproximadamente, lo que suma varios millones de personas) viven, simple y llanamente, una realidad bien distinta a la nuestra.

Una persona que tenga visiones vívidas, por buena, correcta e inofensiva que sea, se escapa de la realidad, pero no porque no esté aquí compartiendo tiempo y espacio, sino porque su realidad no es la de la mayoría de la gente. Sin embargo, si la mayoría de la gente tuviera visiones vívidas y lúcidas, los pocos que no las tuvieran estarían fuera del marco real.

Y no se trata sólo de carecer de un sentido como la vista o el oído, sino que se trataría de la imposibilidad de compartir lo que se ve y lo que se siente más allá de los sentidos.

Platón hablaba de la ceguera de los ignorantes relatando el cuento del grupo de hombres que vivían en la profundidad oscura de una caverna, hasta que un buen día uno de ellos se atrevió a salir fuera y vio la luz del día. Cuando volvió con sus compañeros de oscuridades, les relató lo que había visto, y aunque no recibió la comprensión de los demás, que seguían ciegos en la oscuridad, sí recibió su admiración porque les contaba algo nuevo, aunque no lo comprendieran. Pero no siempre el «iluminado», el que sale de la cueva oscura y ve algo que los demás no ven, se gana la admiración de los demás, sino todo lo contrario: a menudo los que ven más allá de lo que ven los demás son masacrados o desterrados en lugar de ser alabados. La historia está llena de personajes incomprendidos en su tiempo o en su marco social, y más de una vez la admiración y la aversión se mezclan sobre un mismo personaje.

A Jung nadie puede negarle su capacidad profesional como psicólogo, pero muchos pueden tildarlo de loco porque el buen hombre aseguraba que charlaba habitualmente con un Ángel que lo visitaba a menudo en su casa de Suiza. Jung tuvo el valor de decir que hablaba con un Ángel, y con ello se ganó las burlas de algunos y el reconocimiento otros, porque con Ángel o sin Ángel seguía siendo toda una personalidad científica universalmente reconocida; pero si una persona común y corriente, alguien del montón, como yo, se le ocurre decir que habla con su abuela muerta y que muy de vez en cuando recibe la visita de un Ángel llamado Jabel, la burla está garantizada y no merece reconocimiento alguno, si acaso algo de curiosidad por otras personas que han experimentado o que desean experimentar lo mismo. En este último caso la realidad es la realidad de la mayoría, y la propia realidad no pasa de ser una fantasía o un desarreglo mental leve, porque ya no puede ser una imaginación desbordada como la de los niños.

Mensajeros de otras realidades

Si a un niño menor de tres años le preguntamos de dónde viene, o dónde estaba antes de nacer, nos dará su propia explicación, una explicación que en la mayoría de los casos será sorprendente porque no se ajustará a la idea que tenemos los adultos de nuestra procedencia.

Y si un niño nos dice que ve ángeles, hadas o monstruos, sonreímos ante su «inocencia» y de inmediato pensamos que simplemente quiere llamar la atención; pero si nos lo dice un adulto, de inmediato pensamos que necesita la atención profesional y urgente de un psicólogo o de un psiquiatra.

Todos, absolutamente todos, niños o adultos, cuerdos o no, necesitamos creer en algo y sentir algo, porque los vacíos internos se hacen mayores a medida que dejamos de creer o de sentir. Necesitamos cubrir nuestras cuotas de racionalidad, emocionalidad y devocionalidad, porque si no las cubrimos nos sentimos vacíos y huecos, y simplemente no le encontramos sentido a la vida y a la existencia. Más de una vez la ciencia, tan seria y ortodoxa como parece, ha funcionado más porque la gente ha creído en ellas, que porque tuviera unas bases sólidas y reales.

La humanidad ha avanzado tanto en los tiempos en que ha creído y pensado con la medida de los dioses, como en los tiempos en que ha creído y pensado con las medidas de los hombres, y ha habido épocas en las que se quemaba al científico, de la misma manera que ha habido épocas en las que se ha quemado a los brujos.

Los tiempos han cambiado y es posible que aún cambien en los próximos siglos, y, sin embargo, el ser humano sigue teniendo las mismas virtudes y los mismos defectos que le vieron nacer. Sólo unos pocos han logrado superarlos en los últimos 250 mil años, pero el resto, la inmensa mayoría, sigue siendo la misma de siempre, sin importar los esfuerzos, a favor o en contra, que hayan hecho los dioses.

Los ángeles son básicamente mensajeros, transmisores entre los dioses y los hombres, entre una

dimensión y otra, entre uno y otro nivel de conciencia o entendimiento, pero no pueden influir ni
modificar lo que piensan y hacen los dioses, de la
misma manera que no pueden influir ni modificar
lo que piensan y hacen los humanos, aunque, según
los textos antiguos y las leyendas, parece ser que en
más de una ocasión intentaron influir un poco más
en ambas partes.

Los ángeles tienen diversas formas, nombres,
funciones y atributos, y si los llamamos genérica-
mente ángeles es porque nuestra cultura judeocristiana basada en unas escrituras coptas de hace 2.500
años (la Biblia) nos ha enseñado a llamarles así:
ángeles, palabra que quiere decir, simplemente,
mensajeros, representados en la mitología griega
como Hermes y en la romana como Mercurio, o
como Mixcoatl (Nube Alada) en la azteca. Es decir,
que independientemente de la religión o del pensamiento religioso de las diferentes culturas y de las
diferentes épocas, ellos, los mensajeros de luz, siempre han estado ahí, apadrinando a los hombres,
defendiéndolos a menudo de los terribles designios
de los dioses.

Los ángeles siempre han estado ahí, pero dónde
estaban los hombres, los seres humanos tal y como
los conocemos hoy en día. Según Jabel, mi Ángel

particular, los seres humanos son el resultado de varias mezclas.

La ciencia ha sido capaz de establecer ciertos nexos entre el hombre de Neanderthal y los primeros homínidos que hace tres y medio millones de años ya se habían separado de la rama de los gorilas, los chimpancés y los gabones; pero no ha sido capaz de encontrar ni un solo nexo entre neanderthales, homínidos superiores y el hombre de Cromañón. De hecho, y según la misma ciencia, los neanderthales se precipitaron a la extinción al poco tiempo de haber aparecido los cro· mañones.

Los cromañones de hace 250 mil años ya eran exactamente como nosotros en todos los aspectos, mientras que los neanderthales no se parecen a nosotros más que el mismo chimpancé, y eso que los neardenthales eran mucho más humanos que el mono más evolucionado de nuestros días. Esto se debe, según Jabel, a que el ser humano actual, así como el Cromañón de hace 250 mil años, tienen algo de simio (y de muchos otros mamíferos), algo de Neanderthal y algo de Ángel.

Antes de eso, es decir, antes de que el ser humano fuera creado como tal y depositado en la Tierra para que la gobernara y la domeñara, primero fue mascota de los Pitris Lunares, que le ayudaron a evolucionar y a tener una consciencia diferente a la de los animales, de la misma manera que nosotros ayudamos a nuestras mascotas; y cuando los Pitris Lunares lo vieron preparado, lo dejaron crecer en libertad e independencia, y finalmente lo depositaron en este planeta.

Hubo muchos experimentos antes de que el hombre fuera como es (hubo gigantes, andróginos y otras versiones que no prosperaron), y el que haya algo angelical en sus genes actuales es más o menos cercano en el tiempo, y se debe a las guerras angelicales de las que salió derrotado Saturno, o Satán, para dejarle su lugar al jovial Zeus, Jehová o Júpiter.

Hay cientos de historias de la humanidad, pero los seres humanos actuales sólo nos acordamos claramente de lo que ha sucedido con nosotros en los últimos 12 mil años. Hemos olvidado que hace 70 mil años convivíamos con las hadas, los elfos, los enanos y los gnomos, y que hace 20 mil años lo hacíamos con dioses, semidioses y ángeles. Quedan las leyendas, pero el recuerdo real es borroso o simplemente no existe.

La humanidad ha alcanzado en los últimos cien años un desarrollo científico y tecnológico increíble. En sólo cien años ha hecho lo que no había ni siquiera imaginado en miles de años anteriores. Esto es sólo un indicativo de nuestra capacidad para transformar la realidad, cosa que hemos hecho varias veces aunque ya no lo recordemos. El ser humano ya ha tenido otras civilizaciones como la actual, y ha sufrido y causado catástrofes que han puesto, más de una vez, en peligro la existencia de la humanidad, y su mayor pecado ha sido siempre el orgullo, que le ha llevado a negar y a renegar de ángeles y dioses varias veces a lo largo de los milenios.

Cada grupo humano (eso a lo que nosotros llamamos razas) representa una época determinada de la humanidad:

La primera época fue de la raza negra, en Lemuria (África).

La segunda época fue la raza semítica, en Mu (entre Rusia y América).

La tercera época fue de la raza de bronce, en la Atlántida (en el Atlántico).

La cuarta época fue de la raza roja, en el Norte.

La quinta época fue de la raza aria, en la India.

La sexta época fue de la raza amarilla, en China.

La séptima época fue de la raza blanca, en el Cáucaso.

La octava época, o Era de la Destrucción y el Renacimiento, es la próxima anterior a la que vivimos ahora, y está precedida por una terrible guerra, grandes catástrofes naturales, una evacuación masiva del planeta, y un reimplante de los seres humanos en la Tierra. Los que no pudieron ser evacuados se retiraron a todos los rincones del mundo y sus sobrevivientes recayeron en el salvajismo, la barbarie y la vida tribal. Esto sucedió, según Jabel, hace unos 60 mil años, y dejó prácticamente fría, oscura y vacía a la Tierra. Los hombres que se quedaron tardaron casi 25 mil años en recuperar su humanidad, mientras otros seres pretendían hacerla suya, hasta que la densificación del planeta obligó a una nueva evacuación y al reimplante de los humanos que habían sido evacuados antes.

Durante 15 mil años se intentó repoblar la Atlántida con la ayuda de los ángeles, pero las condiciones físicas del planeta, por un lado, y el tradicional orgullo humano, por el otro, acabaron por hundirla totalmente. Mientras tanto en otras latitudes, y hasta hace unos cuantos miles de años, los contactos directos, vívidos y tangibles entre dioses, semidioses, ángeles y humanos fueron habituales, pero poco a poco los mundos se fueron separando, la Tierra se fue estabilizando y los hombres quedaron como amos y señores de este planeta.

Jabel cuenta que el desierto del Sahara fue en un tiempo un vergel de lujuriosa vegetación y abundancia de bienes, y que su estado actual se debe a lo que nosotros llamaríamos una guerra atómica. También señala que hablar de tiempo y espacio, para un Ángel que no se mueve en estos parámetros de cronología, resulta harto difícil, pero insiste en que los seres humanos, tal y como los conocemos hoy en día, son el fruto de una sólida base animal y terrestre, y una creación angelical y divina, lo que nos convirtió en el más terrible depredador que haya visto jamás este planeta, y, por tanto, en dueños y señores de la Tierra.

Todo ser humano que nace lo hace de una manera perfectamente animal y biológica, pero eso no impide que haya un alma esperando todo embarazo para tomar cuerpo y experimentar lo que es la vida.

¿De dónde vienen los seres humanos? De los simios y los dioses, de los cerdos y las hadas, de las ratas y los ángeles, del más allá y de la realidad sólida, objetiva y tangible, lo que le convierte en uno de los seres más complejos del universo. Muchos niños lo intuyen, muchos científicos y hombres sabios lo saben, pero la mayoría prefiere una explicación sencilla, y más una procedencia de la creación y de la divinidad, que una procedencia animal simiesca, aunque esta última sea más científica.

V

LA CONCIENCIA ANGELICAL

*Cierra los ojos, aspira aire fresco
y no busques fuera lo que llevas dentro,
hasta que encuentres a un Ángel
hermoso: tú.*

5ª Meditación

Mis debilidades, tan humanas, y no la falsa modestia, me impiden ponerme como ejemplo para nada y ante nadie. Puedo ser buena persona durante largos períodos, pero eso no impide que a menudo sea mezquino, egoísta, irresponsable, perezoso, criticón y hasta algo frío y distante, algo nada inusual en alguien que, como yo, peca más de la cuenta de delirios de grandeza justo en el momento menos oportuno y en aquellas cosas en que no tengo grandeza alguna.

Por otra parte, no soy ningún héroe, ni destaco especialmente en ningún aspecto de la vida, y lo mejor que puedo decir de mí es que a veces intento hacer mi trabajo correctamente. No soy un valiente, y más de una vez me he dejado dominar por el miedo a lo desconocido, aunque sé que el miedo es el único alimento de las sombras.

Sin embargo, y por no tener, ni siquiera tengo debilidades ni pecados interesantes.

No soy ningún iluminado ni ningún elegido, y mi única virtud es, quizá, que tengo facilidad para conectar con la gente cuando hablo de estos temas. Y quizá tampoco sea mérito mío, porque habiendo vivido lo que viví, no es difícil entusiasmarse y transmitir dicho entusiasmo cuando hablo del más allá o de los ángeles.

Lo poco que tengo de consciencia angelical se lo debo a lo experimentado sin querer, y no a la capacidad de raciocinio ni al estudio en profundidad del tema. Soy lo que soy por lo que me ha pasado y no por lo que he estudiado, y como los psicólogos y psiquiatras que me han visitado no me han calificado de loco, esquizofrénico ni nada por el estilo, me atrevo a hablar abiertamente de lo experimentado, subrayando siempre que yo soy el primero en no creérmelo del todo.

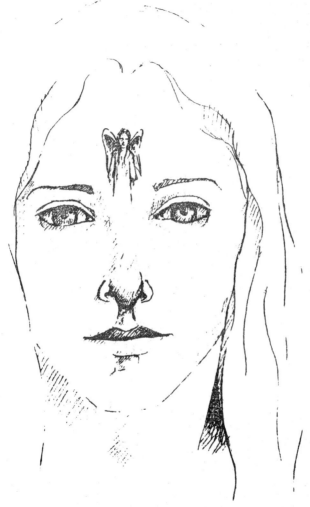

El ser humano es un ser precioso al que sólo le fanta despertar
su conciencia angelical.

En suma, que por más que haga y por más vueltas que le dé, no puedo negar lo que he vivido, aunque lo intente, y sé que no hay otra explicación más lógica que aceptar lo que me ha pasado como un fenómeno personal.

No creo en nada, pero sé lo que me ha pasado y lo que he sentido, y, como ya he señalado antes, no lo puedo negar porque el protagonista de los hechos he sido yo, y no otro que me lo haya contado.

Sé que, de una o de otra manera, hay algo más allá antes y después de esta vida, de la misma manera que sé que hay más seres inteligentes a nuestro alrededor que los seres humanos. Ni todo comienza aquí ni todo se acaba aquí. No sé exactamente qué, pero sí sé que hay algo más perfectamente sensible y tangible.

Adecuamos la conciencia para que se acostumbre a este mundo, a este planeta en el que nos ha tocado vivir, pero por encima de esa conciencia hay una consciencia que vive y experimenta cosas que normalmente nos pasan desapercibidas, o que, simplemente, no queremos ver.

Los seres humanos somos tan complejos como contradictorios, y más de una vez terminamos haciendo lo que no queríamos hacer, y nos bloqueamos, de tanto intentarlo, ante aquello que de verdad deseamos.

Yo, que nunca lo deseé ni lo esperé, tengo contactos esporádicos con un Ángel desde que tengo dos años de edad, mientras que otras personas más místicas y puras que yo, y con muchos más méritos que los míos en todos los campos y en todos los aspectos, no logran apenas ver el primer halo de calor que se forma como base del aura, y jamás han tenido, y quizá nunca tendrán en esta vida, contacto alguno con ángeles o seres espirituales, aunque, como dice mi abuela, quizá cuando estén a punto de morir tengan la suerte, no siempre agradable, de ver a sus parientes muertos venir por ellas para que no hagan a solas el paso entre la vida y la muerte.

Una vez vi, sin quererlo, a tres mujeres fantasmales en casa de una amiga, donde se esperaba la visita inminente de la Muerte que sin duda vendría a llevarse al abuelo de la casa. Pero cuando describí a las mujeres el abuelo dijo que no las conocía, mientras la abuela, que estaba aparentemente más sana que una manzana fresca, abría desmesuradamente los ojos y gritaba que esas mujeres eran sus tías, muertas en una inundación hacía más de cuarenta años. El resultado fue que el abuelo, a pesar de sus achaques y enfermedades, se repuso contra todo pronóstico, y que la abuela, a pesar de su aparente buena salud, murió de perforación de pleura trece o catorce días después de que yo hubiera «visto» a las tres mujeres fantasmales en su casa. Mi amiga se sintió muy impresionada con lo sucedido, e intentó por todos los medios habidos y por haber «ver» lo que yo «veía», pero no pudo. Hizo rituales mágicos, fue a un centro esotérico a que le enseñaran a hacer viajes astrales, se apuntó a yoga, se volvió vegetariana, dejó el vicio del tabaco, visitó brujas, videntes, se hizo hacer la carta astral, obtuvo el tercer grado de Reiki junto a los sellos secretos de los ángeles de la Atlántida, y, aunque todo mundo coincidía en que mi amiga era muy sensible e intuitiva, por ser Escorpio, ella no obtuvo lo que quería, e incluso me pidió que le revelara mis secretos, cosa que no pude hacer porque no tengo ninguno (todo lo que tengo son algunas técnicas de relajación que he ido aprendiendo a lo largo de loa años y que apenas si hago servir), para poder ponerse en contacto con el más allá o con los ángeles. Mi amiga acabó siendo menos amiga (insistía en que yo le ocultaba algo), pero tampoco eso le ayudó a ponerse en contacto con otras realidades.

¿Cómo surge o nace la consciencia angelical?

No lo sé, de la misma manera que no sé cómo se puede tener una experiencia angelical o sobrenatural verdadera.

Por supuesto, la fe mueve montañas, de la misma manera que las mueven las terapias de grupo, las catarsis, la meditación, la reflexión, la relajación, las respiraciones y hasta las fórmulas mágicas.

Una persona puede ser llevada a hacer una proyección mental, un viaje astral o a sentir cosas que no ha sentido nunca, ya sea por un estado de sugestión, sueño inducido o drogas «mágico religiosas» como la ayahuasca, el peyote o el LSD. Una buena fiebre también puede provocar estados alterados de la conciencia, de la misma manera que pueden hacerlo un accidente grave, la proximidad de la muerte, un fuerte ayuno, un insomnio continuado o una fuerte presión sobre la base del cráneo.

La conciencia se puede alterar, obviamente, incluso por la influencia de un libro, una película o un programa de televisión; por cosas tan banales como un tono de voz, la oscuridad, el miedo, una situación nueva inesperada y hasta por un susto o una sorpresa.

Pero ninguna de las fórmulas anteriores nos permiten tomar verdadera consciencia de lo que sucede o deja suceder dentro de nuestra mente o fuera de ella, porque una cosa es tener conciencia y otra muy distinta tener consciencia, porque la «ese» intercalada es una ese de sabiduría, es decir, de saber lo que está pasando y no sólo de creer en lo que está pasando.

Quien tiene conciencia puede tener cualquier tipo de experiencia paranormal o angelical, pero no sabrá lo que está pasando, e incluso es posible que dicha experiencia se le pase por alto; mientras que, quien tiene consciencia, es consciente de lo que está pasando y así lo asimila: como una experiencia vital y no como un juego de la mente.

Existen los estados alterados de conciencia, pero no existen los estados alterados de consciencia, porque la conciencia sí puede alterarse, pero no la consciencia. La consciencia se eleva, evoluciona y se mueve, pero no se altera, porque es tan vívida y tan real como una pedrada inesperada en la frente.

El caso es cómo despertar a la conciencia, primero, y a la consciencia después.

En este aspecto las religiones, más que las ciencias o el conocimiento que se lo podría adscribir a una toma de conciencia, han jugado un papel fundamental en la formación mental, y no espiritual, de las personas.

Para el catolicismo la consciencia es Dios, y fuera de él no hay nada más, pero, como las sociedades que fueron conquistadas por la cruz eran tan diversas, tuvo que dejarle un amplio lugar a la superstición o a otras creencias, como a las apariciones marianas, donde la figura de la Virgen se sobrepuso a la de otras diosas, hadas u otras figuras femeninas mágicas.

El calvinismo intentó rescatar la idea de un único Dios, y colocó al ser humano solo ante la figura divina, atado a un destino inmutable y preconcebido, apartado de toda superstición, donde la salvación y el ser elegido ya estaba dado y sólo se podía descubrir a través del trabajo y de la vida dedicada a Dios. Sin embargo, a la escisión de las iglesias cristianas, sobrevinieron nuevas y fecundas escisiones, y del seno de la Reforma nacieron cientos de sectas cristianas, mucho más supersticiosas que la original Iglesia Católica.

Toda religión, en sus inicios, apela al fundamentalismo y a la ilusión de ser la persona o el pueblo elegido de Dios, y aleja toda creencia ajena a sus premisas.

Creencias falsas y creencias verdaderas

Tanto a los filósofos de la antigüedad como a los sociólogos de la actualidad les preocupa la diferencia entre creencias falsas y creencias verdaderas, y si bien la ciencia nos ha enseñado que hay creencias más cercanas a la verdad que otras, las religiones, y el pensamiento mágico y religioso en general, toman como creencias falsas a aquellas que no correspondan a su parroquia.

El Islam, por ejemplo, creen en Jesús como en un gran profeta, pero en ningún momento acepta su mesianismo, y para el judaísmo la figura de Jesús es simplemente una falacia, cuando no una aberración. El catolicismo, el tercer pilar de las religiones judeocristianas, no aceptó a Jesús hasta el año 325 de nuestra Era, y los evangelistas, pentecosteses, adventistas, menonitas y un sinnúmero de facciones reformistas, lo han reclamado casi en exclusiva para sí.

Para todas ellas, ya que se basan en los textos bíblicos, los ángeles son una realidad, una creencia verdadera (en el Islam es incluso el Arcángel Gabriel quien dicta la versión bíblica del Corán al profeta Mahoma), y sin embargo los obvian de sus presupuestos e incluso los han proscrito o prohibido de sus respectivas liturgias.

Las hadas y las mujeres o reinas de los elfos pueden encarnar a la Virgen, pero los ángeles no pueden ocupar el lugar de Dios y mucho menos de Cristo, y aunque acompañen a las figuras religiosas en los iconos, no tienen un lugar propio y hasta pueden entrar en los senderos de la superstición, o de la franca rebeldía, apartados de las prácticas oficiales o populares. Hoy vuelven a estar «de moda», pero no por ello van a ser aceptados ni incluidos dentro de la ortodoxia religiosa.

Un producto de la mente

¿Somos lo que creemos, o creemos lo que somos? ¿Cuál es la verdad última? ¿Están realmente los ángeles ahí, detrás de nuestra dimensión inmediata, o son un producto más de nuestra imaginación, de nuestra mente?

¿Son falsos o verdaderos?

Las creencias y los pensamientos son muy poderosos, tanto que a través de ellas y de ellos construimos nuestro mundo y nuestra realidad, pero el creer o el no creer en el virus o la bacteria de la gripe no impide que enfermemos, pasemos la enfermedad y sanemos.

El poder de la mente puede ayudarnos a pasar con mayor o menor ánimo una enfermedad, y a superarla o dejarnos vencer por ella, pero eso no hace desaparecer la enfermedad.

El ser humano es tan imaginativo como sugestionable, y tiene una gran capacidad de invención y elucubración, pero eso no impide que la realidad externa, con seres humanos o sin ellos, siga existiendo por sí misma.

El mundo, este planeta, ha existido y probablemente seguirá existiendo con o sin la humanidad, y tendrá su propia consciencia, logos y sentido en el universo, y ni la mente ni la imaginación del ser humano pueden hacer nada para evitarlo.

Hay realidades y fenómenos que nos sobrepasan, que nos superan, que no podemos abarcar ni con la mente, ni con las manos. Nuestros sentidos, que son mucho más poderosos de lo que podemos imaginar, son muy limitados, y nuestro nivel de conciencia para entenderlos, dirigirlos y orientarlos, es mucho más reducido aún.

Tenemos y sabemos mucho, pero no tenemos ni sabemos infinidad de cosas; pero somos orgullosos y nos gusta pensar que todo depende de nosotros.

Los ángeles, lo mismo que los dioses, pueden existir o dejar de existir independientemente de los seres humanos, por lo que cabe preguntarse si la humanidad sería capaz de subsistir sin los dioses y sin los ángeles. De momento, y hasta que no se demuestre lo contrario, es obvio que el grueso de la humanidad no sería capaz de sobrevivir sin creer en alguien o en algo, tenga el nombre que tenga ese alguien o ese algo.

Es obvio y patente que el ser humano necesita, tanto como comer, amar y soñar, creer. Tener ilusiones, esperanzas, deseos y aspiraciones, tanto físicas como mentales y espirituales, forma parte del sentido de trascendencia del ser humano, un sentido que es indispensable para seguir hacia delante, ya que si no lo tuviéramos la humanidad habría desaparecido hace tiempo.

El ser humano es un ser maravilloso y complejo, tan complejo, que no es capaz de entenderse a sí mismo, pero que viene buscando desde hace miles de años las raíces de su identidad, de su ser, de su realidad. Y sí, es cierto que todo lo queremos racionalizar e intelectualizar, incluso cuando nos dejamos dominar por las más locas creencias y emociones, porque nuestra mejor herramienta para entender lo que nos sucede y lo que nos rodea es precisamente la mente. No somos capaces ni siquiera de dominar lo que pasa en el interior de nuestro cuerpo, y sin embargo queremos dominar lo que pasa en el universo entero, y nos sentimos con el derecho de calificar o de descalificar lo que sea, ya sea ciencia pura o creencia absurda, porque ambas, al fin y al cabo, han salido del mismo lugar: de nuestra capacidad de abstracción, de nuestra capacidad de ir adquiriendo conciencia y consciencia, es decir, de nuestra capacidad de aprender y entender lo aprendido. La conciencia nos da capacidad de relacionar y aprender, y la consciencia nos da la capacidad de entender lo que hemos aprendido.

No podemos entender lo que no hemos aprendido, y, sin embargo, nuestra mente es tan inquieta que lo intenta, y trata por todos los medios de imaginar aquello que no ha vivido.

Ver, oír y tocar

Lo que todos quisiéramos es ver, oír y tocar, pero, si no podemos hacerlo, a menudo nos conformamos con lo que nos cuentan los demás, ya sea a través de unas letras o de unas imágenes.

Pueden decirnos que existe la Antártida, y nosotros podemos creer en dicha existencia aunque nunca hayamos estado ahí, y esa creencia puede ser tan fuerte, que nuestra mente puede crear su propia Antártida y colocar en ella maravillas que nunca han existido, o bien, imaginarla simple y llanamente como es, e incluso podemos creer que no existe, no ha existido ni existirá nunca, por mucho que nos hablen de ella o nos la muestren en letras o imágenes.

Lo mismo nos sucede con los ángeles: podemos creer en su existencia aunque nunca los hayamos visto, tocado ni oído, y esa creencia puede ser tan fuerte, que nuestra mente les puede dar todo tipo de atributos, formas, poderes, alas, espadas incandescentes; y también podemos imaginarlos tal y como son (bellos, etéreos, fríos, distantes, sarcásticos, perfeccionistas, duros, volátiles, revolucionarios, inquietantes, enigmáticos, difíciles de comprender, excéntricos, a menudo pedantes y pretenciosos de tan inteligentes, y sin embargo tremendamente solidarios con la causa de la humanidad) o bien no imaginarlos en absoluto y mucho menos creer en la más remota posibilidad de su existencia, por mucho que nos hablen de ellos.

No todo el mundo puede ver a los ángeles, pero tampoco todo el mundo puede ver y tocar la Antártida. Es cierto que los ángeles son menos accesibles físicamente que la Antártida, pero hay que reconocer que ambos, conceptual o físicamente están fuera del alcance de la inmensa mayoría de los mortales, sin que importe demasiado si existen o no existen en realidad, porque, total, casi nadie llegará a verlos nunca jamás en esta vida.

De esta manera, quien quiera creer en una u otra cosa, sin tener una prueba palpable de su existencia, puede hacerlo perfectamente, porque el acto de creer o dejar de creer no tiene nada qué ver con su real existencia. Y si alguien llega a la Antártida o a un Ángel, no puede hacer extensiva, palpable y físicamente, su experiencia personal.

A la Antártida se puede llegar haciendo un esfuerzo, proponiéndoselo, viajando, teniendo los medios necesarios para hacerlo, por la gracia de un patrocinador o por el empeño de la voluntad, y cualquier ser humano, en teoría, podría hacerlo cuando y como quisiera. Y, quién sabe, quizá llegar hasta un Ángel requiera exactamente de lo mismo.

Quizá baste con proponérselo, elevando la consciencia y considerándolo como un objetivo, pero yo no soy el más indicado para señalar este camino, porque nunca tuve dicho propósito ni recorrí ese camino.

Sé que la pureza de mente y cuerpo ayuda.

Sé que el desapego a lo material ayuda.

Sé que la falta de prejuicios e ideas preconcebidas ayuda.

Sé que la inocencia ayuda.

Sé que el no desear nada ayuda.

Sé que la relajación ayuda.

Sé que la vigilia y el ayuno ayudan.

Sé que la ausencia de prácticas sexuales ayuda.

Sé que la conciencia de la respiración ayuda.

Sé que la tranquilidad, el recogimiento y la paz, ayudan.

Sé que la ausencia de creencias o limitaciones mentales ayuda.

Sé que la libertad ayuda.

Sé que la espiritualidad sencilla y sin soberbia ayuda.

Y lo sé no porque haya sido un monje de clausura y con votos de castidad, ni porque haya estudiado o leído mucho sobre el tema, y ni siquiera porque haya practicado durante años, sino porque mis mayores y más vívidas experiencias sobrenaturales, extrasensoriales y angelicales se desarrollaron dentro de ese marco de pureza, inocencia, ayuno y no deseo.

PUREZA
INOCENCIA
AYUNO
NO DESEO

Cuatro puntos muy difíciles de alcanzar cuando se ha sobrepasado la infancia, e incluso de hacerlo en cualquier acto de voluntad, forzando el marco de referencia en lugar de tenerlo de forma natural y sin buscarlo.

Yo nunca las he utilizado, pero es posible que haya técnicas para lograrlo, o, al menos, para lograr la ilusión de que se ha conseguido el contacto o de que se ha estado muy cerca de conseguirlo.

Pero yo no quiero engañar a nadie diciéndolo que haciendo un ayuno de tres o cuatro días, encerrándose en un alejado monasterio, y haciendo ejercicios de respiración y relajación va a conseguirlo.

El no deseo puede conseguirse entregándose a un ser superior, terrestre, celestial o imaginario, y evitando las tentaciones de querer tal o cual cosa para uno o para los demás; y la inocencia puede lograrse recuperando al niño que llevamos dentro, ese ser que nos acompaña siempre y que no tiene limitadas sus capacidades dentro del mundo mágico.

Incluso se puede contar con refuerzos grupales y con el ánimo y el ambiente adecuados, dentro de una atmósfera propicia; o bien, contar con apoyos mágicos y religiosos, como oraciones, sellos, rituales, cantos, danzas, etc., pero, insisto, este no ha sido mi camino, y no puedo enseñarle a nadie un sendero por donde nunca he ido.

Mi mejor fórmula

La mejor fórmula, siempre desde mi muy particular experiencia y punto de vista, consiste en dejarse ir, en no temer, en abrir la mente para que hable la conciencia y opere la consciencia, y en dejar de lado toda ansia, toda intención y todo pensamiento.

Dejar que llegue la noche.
Estirarse plácida y cómodamente.
Esperar a que empiece a llegar el sueño.
Tomar conciencia de la respiración.
Unir los dedos índice, pulgar y corazón.
Y dejarse llevar a otros mundos, a otras realidades, sin ningún temor y sin ninguna idea preconcebida
Lo demás vendrá por sí solo.

Evitar las catarsis y los estados alterados de conciencia; las ideas religiosas y los deseos de milagros o similares; los esfuerzos y los empeños; y dejar que suceda lo que tenga que suceder, sin tener miedo de nada ni de nadie.

Hay que poner la mente en blanco, sí, pero es aún más importante poner el alma en blanco y dejar que el espíritu se mueva a sus anchas, sin limitaciones racionales o irracionales, religiosas o emocionales, científicas o no.

Hay que convertirse en aire, cristal etéreo y permeable a todas las fuerzas del universo, donde el Yo es nada y el todo es el sustento del Yo; porque, a diferencia de otras técnicas y fórmulas, aquí no se trata de excitar los sentidos ni de tener sensaciones de osadía, protección o poder, sino de total indiferencia a todo lo que consideramos moral, poder, humano, divino, bueno o malo, etcétera, etcétera, etcétera.

Nuestras concepciones humanas no sirven del otro lado, así que tenemos, incluso, dejar de concebir y de esperar nada, porque sólo de esta manera el que busca sigue buscando, mientras que el que encuentra ya no busca nada.

Este no es un camino de búsqueda, sino un camino de encuentro; tampoco es un camino que nos hace mejores ni superiores, sino que nos hace hermanos; no es un camino de elección ni de selección, sino un camino de confluencia, porque ese es, al menos desde mi propia experiencia, el mismo camino que siguen los ángeles.

Ser o estar

Antes de tomar conciencia y consciencia angelical, deberíamos tomar conciencia y consciencia humana, es decir, que los seres humanos deberían ser un poco más Humanos de lo que habitualmente son, y no se trata de buscar falsas y autocomplacientes felicidades, sino de trabajar en serio con nosotros mismos y con los demás para lograr, antes que la famosa felicidad, la estabilidad y la mínima armonía como grupo social y global que somos.

Marx pensaba que la conciencia de clase sería suficiente para el cambio social, y que la eterna lucha de clases entre propietarios de los medios de producción y los aportadores del trabajo o fuerza de producción se acabaría, dando lugar a un nuevo mundo donde la igualdad y la solidaridad triunfarían.

Rousseau, inspirado por los aires de la Ilustración y la Revolución Francesa, creía que la sociedad debería ser feliz para que el individuo pudiera serlo.

Adam Smith creía que el individuo tenía el deber y el derecho de enriquecerse tanto como pudiera para ser feliz, ya que una vez que fuera feliz, podría hacer felices a los demás. Para Smith no importaba que se utilizaran todos los medios de explotación posible ni le preocupaba que los recursos fueran escasos, porque, según él, existía una «mano divina», o una divina providencia, que ya se encargaría de repartir la riqueza de manera equitativa entre la naturaleza y los hombres, o entre los ricos y los pobres.

Auguste Comte pensaba que lo más importante y necesario, para que el ser humano alcanzara el positivismo de la evolución y la consecuente felicidad, era el orden social. Si todo estaba en orden, el hombre progresaría, tomaría conciencia y sería feliz. El orden traería la paz y la armonía, y acabaría con las desigualdades.

Weber era más pesimista, y no creía en la toma de conciencia de los seres humanos, aunque sí pensaba que muchos de los conflictos humanos podrían superarse si el hombre era capaz de separar la acción emocional y política, de la acción científica y racional.

Pareto señalaba simplemente que debía haber un equilibrio entre lo emocional y lo racional para que el ser humano pudiera ser feliz.

Cualquiera de estos sabios podría tener razón, ya que todos «los caminos conducen a Roma», es decir, todas las mentes bien intencionadas y lúcidas tienen el deseo de llevar a la humanidad al mejor de sus estadios posible.

Sin embargo, el ser humano siempre está dispuesto a romper todas las utopías y todos los tipos ideales posibles, y la «ley de la selva» no tarda en imponerse con su autoridad natural y animal a los más buenos deseos de la gente.

Durkheim, más funcionalista, y mucho más pesimista que sus compañeros de intelecto, vio en el suicidio el máximo acto de individualismo de los seres humanos, y señaló a las enfermedades de la sociedad como causantes directas de dicho acto: se suicidan más los hombres que las mujeres; más los adultos y los viejos que los jóvenes; más los solteros, viudos y divorciados, que los feliz o infelizmente casados; más los protestantes que los católicos; más los marginados de las normas habituales, que los que están normalmente integrados a un grupo social; y mucho más los habitantes de los países desarrollados o ricos, que los habitantes de los países pobres o subdesarrollados.

Tal parece que también el exceso de felicidad, bienestar social y desarrollo económico mueve al ser humano a prescindir de esta vida.

Es chocante que en países pobres en guerra el fragor de las armas no sea capaz de matar a más personas en un año que los accidentes automovilísticos en un país rico; y también es chocante que se sientan más vacíos los que más tienen y los que en mejor posición están, porque las depresiones también son ampliamente superiores en número en los países ricos que en los países llamados pobres.

Ni los aires de superioridad y de grandeza, ni la explotación salvaje de los más débiles por los más fuertes garantizan la felicidad, y resulta que los que viven una vida más sana y abundante son precisamente los que más se autodestruyen.

¿Dónde está entonces la felicidad? ¿Cómo se puede alcanzar una conciencia elevada cuando lo más inmediato carece de la misma?

Tal vez lo que consideramos elevado no sea tan elevado, porque mientras que los países pobres viven la magia y la devoción, están más cerca de los ángeles y los dioses y tienen una mayor lucidez espiritual, los países ricos se alejan cada vez más de sus propias creencias, y adoptan, como algo exótico o de moda, creencias ajenas que ni sienten ni comprenden.

Cualquiera diría que un exceso de felicidad y de armonía es más peligroso que pasar hambre y penurias, y que ser más inteligente y cultivado trae más problemas que vivir a pie de la naturaleza.

Cuando la riqueza o las ansias de poder entran en un pueblo, lejos de alegrar la vida de sus integrantes, nacen las envidias, las rivalidades y los conflictos, o bien, se multiplican. Y el ser humano, lejos de aprovechar la bonanza, se vuelve más egoísta y cerrado en sí mismo, y tras unos cuantos años de estabilidad económica entra en un estado de apatía, vacío y sin sentido de la vida.

Tal vez no nacimos para ser felices, o quizás el modelo de felicidad que hemos escogido no tiene nada qué ver con el verdadero sentido de este concepto. Podemos estar felices durante un período más o menos largo o corto, pero parece que no podemos ser realmente felices.

¿Dónde están los Ángeles?

Cuando vemos el aspecto negativo de la humanidad, nuestro ánimo se viene abajo y pensamos que no tenemos solución, que esto es un caos y que no vale la pena vivir en un planeta tan conflictivo, donde campan a sus anchas el poder, el abuso, la violencia y la hipocresía.

Si miramos hacia nuestro interior y somos sinceros con nosotros mismos, podemos reconocer los males de la humanidad en nuestro propio ser, en nuestros pecados, en nuestros egoísmos, en nuestras envidias, en nuestros malos pensamientos, en nuestros torpes deseos, en nuestras ansias de consumo y de gloria, en nuestras perversiones y en nuestro lado oscuro. No somos ningunos santos ni ningunas santas, y en nuestro ser interno también se albergan los miedos, los rencores y las sombras.

Los tipos ideales de Weber sucumben ante los tipos puros y reales, y su abstracción metodológica queda reducida a una inocente proposición de ignorancia supina de la realidad más inmediata.

Bajo este prisma, impotentes ante el mal que nos rodea y nos carcome, a menudo gritamos y nos rebelamos apelando a la intervención divina, y nos preguntamos, ante tanto mal y ante tanta injusticia, dónde está Dios, dónde están los famosos ángeles.

¿Por qué no nos ayudan?
¿Por qué nos abandonan?

¿Por qué permiten que el mal campee a sus anchas?

¿Por qué dejan que el fuerte abuse del débil?

¿Por qué permiten que el malicioso abuse del inocente?

¿Por qué no impiden las guerras?

¿Por qué no atajan las violaciones?

¿Por qué no destruyen a los malditos?

¿Por qué no protegen de verdad y efectivamente a los desprotegidos?

¿Por qué permiten la muerte y las terribles enfermedades en los niños?

¿Por qué dejan que los malos se salgan con la suya?

¿Por qué no intervienen para salvarnos incluso de nosotros mismos?

¿Dónde están los dioses, dónde están los ángeles?

¿No les duele vernos?

¿No les conmueven nuestros males?

¿Van a dejar que acabemos con el mundo?

¿Van a permitir que la pirámide estructural de Parsons y Merton, en la cual los menos calificados son tratados como ganado y los «más calificados» son tratados como reyes, siga funcionando por los siglos de los siglos?

¿No van a intervenir nunca, no van a bajar a rescatarnos?

Nuestros gritos, nuestros lamentos y nuestras plegarias parecen perderse en el tiempo y el espacio, o bien, los dioses y los ángeles nos están respondiendo constantemente:

No pidas a los dioses lo que debes y puedes hacer tú mismo. No pidas a los Ángeles lo que pueden y deben hacer los hombres.

Nosotros somos los que debemos atajar y dominar el mal que llevamos dentro, y nosotros somos los que debemos evitar el mal que hacemos fuera.

Los ángeles y los dioses ya hacen su trabajo, dentro y a través de nosotros mismos, dentro y a través de las fuerzas de la naturaleza.

Han creado un mundo ideal para nosotros, y nos inspiran, día a día, hora a hora y segundo a segundo, vida y luz divina, pero no deben ir más allá ni deben intervenir en lo que es responsabilidad nuestra, aunque lo hayan hecho en otras ocasiones y aunque, individual y puntualmente puedan volver a hacerlo.

Es más, los ángeles y algunos dioses han tenido problemas con las jerarquías celestiales por haber

Las Hadas, y la sangre de las Hadas, todavía viven entre nosotros.

intervenido más de una vez y más allá de sus competencias a favor de la humanidad.

Cuando se nos dio la luz que nos hace ser humanos, en lugar de simples animales, hubo una terrible guerra en los cielos, y muchos ángeles fueron derrotados y castigados.

Cuando los dioses decidieron acabar con la humanidad (y esto ha sucedido varias veces), los ángeles nos protegieron y se pusieron de nuestro lado.

Cuando los hijos de los ángeles se unieron a las hijas de los hombres hubo otro conflicto en las jerarquías celestiales, y no se puede decir que los seres humanos hayamos sido especialmente agradecidos con estos seres de luz. Más de una vez hemos querido igualarnos a ellos y hasta suplantarles, y más de una vez hemos renegado de su ayuda y su presencia.

Ahora somos medio bestias y medio ángeles, y hasta la sangre de algún dios anda corriendo por nuestras venas, y tenemos que ser nosotros y no ellos los que pongamos en orden y estabilidad a la humanidad, porque la humanidad somos precisamente nosotros.

La humanidad está hecha de humo y lodo, de aliento divino y tierra, de mamífero superior y ángel, y cada uno de nosotros es un ser de luz y un demonio a la vez, y dentro de nosotros se encuentra toda la historia de la humanidad y toda la historia del universo. El ser humano es como el Aleph de Borges, porque en cada ser humano está contenido todo el cosmos al mismo tiempo y en todos los tiempos, pero nadie puede hacer por nosotros lo que no hagamos por nosotros mismos.

Esta es la consciencia humana que debemos tener para optar a tener consciencia angelical, y lo mejor y lo más terrible de todo, es que siempre han estado ahí y que las tenemos al alcance de la mano, o mejor dicho, las tenemos grabadas en nuestra alma, en el interior de nuestro ser.

VI

EL PARAÍSO PERDIDO

Cierra los ojos, relájate y ten
conciencia de tu respiración;
después medita sin buscar más nada,
sólo deja que te encuentre tu Dios.
6ª Meditación

Jabel dice que los seres humanos estamos más cerca de los ángeles que de los demonios, y que somos más «buenos» que «malos», de la misma manera que hay mucha más bondad en la humanidad que maldad propiamente dicha.

Yo, aunque ahora le entiendo más que antes, aún no le entiendo del todo, y él me dice que eso se debe a que es muy difícil, para los seres humanos en general, abstraernos de nuestro mundo y de nuestro momento.

Nuestras ambiciones y deseos, incluso los más nobles y lícitos, no dejan de ser una atadura terrenal.

Nuestros más elevados actos no dejan de ser actos llenos de egoísmo y autocomplacencia. Mientras más humildes y buenos creemos ser con nosotros mismos y con los demás, más orgullosos y vanidosos somos en realidad.

Medimos y vemos las cosas desde nuestro particular y restringido punto de vista, y si un ser humano los ve desde otro prisma, nos apresuramos a censurarlo o a apartarlo, porque no le entendemos, porque no nos gusta o porque no le comprendemos, de la misma manera que somos incapaces de comprender a los ángeles.

Para un Ángel no es importante que vivamos o muramos, que lloremos o que pasemos hambre, que suframos o que enfermemos, que pasemos frío, necesidades o miedo, entre muchas otras razones, porque eso es precisamente lo que hemos venido a hacer a este planeta: a tener carne, a sentir y a experimentar lo que es la vida en su conjunto, con todos sus defectos y todas sus virtudes. Y a nosotros nos cuesta comprender que no se conmuevan con nuestras debilidades ni que se impresionen con nuestras fortalezas. A ellos lo único que les interesa es preservar nuestra línea de desarrollo y evolución como

Estamos más hermanados con los Ángeles
de lo que podemos imaginar.

seres, y que no nos apartemos del camino que hemos de recorrer en esta vida, nada más.

Se supone que algún día hemos de volver a ser lo que fuimos en un principio: ángeles, entes de luz, hijos de la divinidad a imagen y semejanza, gotas de agua en el mar inmenso del cosmos.

Pero para que esto suceda, al menos en el tiempo y el espacio que conocemos, aún han de pasar unos cuantos miles de años. Unos 10.400 años aproximadamente.

Volver al Paraíso

Hace unos 4.000 años tuvieron lugar las últimas evacuaciones importantes, pero éstas empezaron varios miles de años antes. También hace unos 4.000 años que los hombres perdieron el contacto directo con los ángeles y los dioses, quienes a partir de entonces sólo se han aparecido por este planeta para casos puntuales.

Hace unos 6 mil o 7 mil años desaparecieron importantes civilizaciones. Jabel dice que ya iremos encontrando partes mínimas de sus rastros, y que dichos descubrimientos nos obligarán, tarde o temprano, a cambiar los libros de historia.

También dice que tarde o temprano encontraremos los rastros físicos de la Atlántida y de Mu, pero que por muy míticas que hayan sido estas civilizaciones anteriores, no son ni mucho menos las únicas. Buena parte de Asia, el Cáucaso y el Mar Negro esconden secretos que ni siquiera imaginamos, ya que en esas zonas también hubieron grandes y desarrolladas civilizaciones, lo mismo que, hace mucho más tiempo, las hubo en África y en lo que hoy es Sudamérica.

Durante decenas de miles de años sobre este planeta han convivido seres humanos muy desarrollados y seres humanos muy primitivos, sociedades muy avanzadas y sociedades muy atrasadas. La gran diferencia de nuestro tiempo actual con aquellos tiempos es la globalización y la comunicación. Nunca antes en la Tierra se había dado un fenómeno como el actual.

En la Tierra actual, así como en la Tierra antigua, existen y han existido grandes, hermosos y lujuriosos paraísos, pero el famoso Paraíso al que queremos volver todos los seres con aliento divino de vida, no está en esta Tierra.

El pasaje bíblico del Paraíso es sólo una alegoría, un viejo cuento caldeo que los judíos hicieron suyo cargándolo de sentimientos de culpabilidad y de castigo, pero lo que sí hay de cierto en el cuento es que hubo un día en que fuimos echados del lado de los ángeles y de los dioses, cuando éstos consideraron que teníamos la consciencia y el conocimiento suficientes como para volver a valernos por nosotros mismos.

La historia no es tan sencilla como el cuento bíblico o el cuento caldeo, ya que por medio hubo una gran catástrofe natural y una terrible guerra que obligó a los ángeles y a los dioses a evacuar a buena parte de la humanidad antes de tiempo, para evitar una extinción o un drama mayor.

Los seres humanos que se quedaron en la Tierra tras la guerra y la catástrofe tuvieron muchas y grandes pérdidas en todos los sentidos, pero algunos sobrevivieron y volvieron a organizarse desde la barbarie.

Estos seres humanos son citados en la Biblia como los habitantes de Edom, y su capacidad de supervivencia sorprendió tanto a los dioses y a los ángeles, que pensaron que los protegidos, los evacuados antes de tiempo, podrían volver a valerse por sí mismos sobre el planeta y los reimplantaron en la Tierra.

Antes de ponerlos de nuevo sobre el planeta, intentaron prepararlos, ya que se habían acostum-

brado a la buena vida del Paraíso, pero los humanos se negaron a entender lo que pasaba, de la misma manera que ahora nosotros nos negamos a
entender lo que pasa y lo acomodamos todo a nuestro interés y conveniencia, pero su negación no les
sirvió de nada y el Arcángel Gabriel, finalmente,
tuvo que echarlos del Paraíso blandiendo su Espada de Fuego, que no es otra cosa que la forma ale-
górica de decir que insufló valor, pasión, decisión
e ímpetu a los reimplantados.

Estos reimplantados tuvieron que adecuarse de
nuevo a la Tierra, y muchos de ellos tendrán que
esperar, vida tras vida, 10.400 años más para volver al Paraíso.

El Juicio Final

El día del Juicio Final no es más que el momento
en que dichas evacuaciones, dentro de 10.400 años,
se lleven a cabo, cuando, según el hinduismo, Vishnú despierte de su sueño divino, o bien, cuando,
según algunos astrónomos, nuestra galaxia, o mejor
dicho, el brazo de la galaxia donde se encuentra
nuestro pequeño planeta, vuelva a pasar frente
a una gran supernova, como ya lo ha hecho antes

a lo largo de la historia de la humanidad, y que los arqueoastrónomos estudian con tanto afán.

El famoso Diluvio

La Tierra es un planeta vivo que existe como ser y siente, lo mismo que sienten los árboles, las flores, los insectos y los primates superiores, como nosotros, y que ha sufrido grandes y diversas transformaciones a lo largo de su propia historia.

Los continentes han variado de posición, y las aguas de los mares han cubierto muchas zonas que hoy son elevadas montañas.

Ha habido largas épocas de hielo y nieve, de la misma manera que ha habido largas épocas de sequía y calor, o interminables etapas en que la lluvia lo ocupaba todo.

Han caído grandes meteoritos del espacio exterior, e incluso es muy posible que la Tierra haya variado varias veces la posición de sus ejes.

Por tanto, no es nada extraño que dentro de todas las cosmologías y leyendas religiosas o mágicas de la humanidad entera aparezca la figura de las grandes catástrofes y hecatombes habidas y por haber.

Pero, curiosamente, la más universal de todas las leyendas mitológicas es la del famoso Diluvio Universal, que si bien no acabó con la humanidad, como es evidente, estuvo a punto de hacerlo.

Lo que sí es difícil es situar este Diluvio en el tiempo y el espacio, y aunque la Biblia lo sitúe hace unos cuatro o cinco mil años (cosa que cualquier historiador serio actual sabe que no ocurrió), no se sabe exactamente cuándo ni cómo sucedió, lo que sí se sabe es que la humanidad entera guarda en sus genes la memoria del suceso y el temor de que vuelva a pasar.

Las destrucciones de la humanidad

Si hacemos caso a las leyendas, y Jabel dice que en la mayoría de ellas se esconden grandes verdades, la humanidad ha estado al borde de la destrucción por lo menos en cinco ocasiones:

La primera por las lluvias de fuego y los incendios.
La segunda por los movimientos de tierra.
La tercera por los fuertes vientos.
La cuarta por las lluvias y las inundaciones.
La quinta por intervención directa de los dioses.

Algunos estudiosos del esoterismo señalan que la última gran destrucción se debió precisamente al Diluvio Universal, o a las inundaciones, y que posiblemente sea la que más cerca tenemos y la que más influye en nuestro inconsciente colectivo.

Nadie señala en sus leyendas al hielo o la nieve como armas de destrucción de la humanidad, y eso que hace apenas unos cuantos miles de años que estamos gozando de un Holoceno.

Lo que sí señalan algunos, es que la quinta destrucción está aún por llegar, y que posiblemente esté más próxima de lo que pensamos. Y no son sólo los catastrofistas de siempre los que apuntan dicha posibilidad, sino a menudo hasta el más simple sentido común nos señala el peligro al que nos abocamos nosotros mismos, justamente en esos momentos en que nos creemos demasiado inteligentes, demasiado poderosos o casi dioses.

Simple economía

La economía no es más que un problema de los recursos escasos y finitos con que cuenta la humanidad para satisfacer sus infinitos deseos.

La historia reciente de la humanidad, los últimos diez o doce mil años de que tenemos conocimiento y consciencia, es una historia económica, es decir, que nos hemos dedicado a cubrir necesidades y a crear, una vez satisfechas las primeras, más y más necesidades, como si lo que nos puede proporcionar el planeta fuera eterno e inagotable.

No tenemos conciencia de previsión, y creemos que todo nos va a durar para siempre, y lejos de racionar y de racionalizar las cosas, las gastamos lo más que podemos sin ningún miramiento.

Los últimos descubrimientos de la ingeniería genética nos rebelan dos cosas: que el hombre bien puede ser el resultado de un experimento de laboratorio, y que en un laboratorio similar podríamos alargar la vida y ser eternos.

Lo que parecía un mal cuento de ciencia ficción sólo hace un par de decenios, es ahora una realidad científica, y dentro de pocos años seremos capaces de incluir en nuestro código genético los genes eternos de la hidra de agua para no morir jamás, a menos que suframos un terrible accidente.

Viaje a la Eternidad

Nuestro ser de luz interno es eterno, siempre lo ha sido y siempre lo será.

Los ángeles son eternos, y otros seres que han pasado por esta Tierra, como los elfos, también lo son.

Pero ser eterno no quiere decir que no podamos ser destruidos o destruirnos a nosotros mismos, de la misma manera que ser eternos no nos garantiza que no podamos involucionar o caer de nuevo a la forma más primitiva de vida, de vibración o de cualquier otra forma de pérdida de conciencia.

Si queremos ser eternos físicamente, entre otras cosas, es porque así mantendremos, o así creemos que mantendremos la conciencia y la consciencia de nosotros mismos.

La mayoría de nosotros no lo veremos, simplemente porque no llegaremos a tiempo para que nos inoculen los genes de la eternidad, pero sí es científicamente posible que nuestros nietos o nuestros bisnietos lo puedan probar.

¿Qué sucederá entonces? Los optimistas creen que la humanidad por fin tomará conciencia y que el contacto entre seres humanos y seres divinos se restablecerá; pero los pesimistas piensan que el hom-

En la época actual, los Ángeles están presentes y muy cerca de nosotros en cada uno de nuestros actos.

bre, vanidoso, débil y orgulloso como es, acabará por alejarse definitivamente de lo divino y posiblemente se volverá loco del todo y se autodestruirá.

Algunos científicos apuntan que la eternidad física, aunque posible, puede traer nuevos problemas morales, sociales, económicos y políticos, e incluso crear nuevas crisis y divisiones entre los seres humanos, porque, como viene sucediendo desde hace 12 mil años, los ricos querrán para sí lo que no darán a los pobres, y así serán sólo unos cuantos los que gocen de la eternidad, mientras que el resto de la humanidad seguirá naciendo y muriendo como siempre. También apuntan que, a pesar de la eternidad, la materia biótica o viva tiene sus limitaciones, y que muchos de los seres humanos eternos acabarán fosilizados o tendrán problemas de cohesión molecular, precisamente por ser eternos, y que eso puede ser peor que nacer y morir simplemente.

No hay que olvidar que la eternidad vital no quiere decir que una persona o un ser no pueda ser asesinado, destruido o desintegrado, ya sea por acción directa o por accidente, con lo que las funerarias, aunque con muy poco volumen de mercado, seguirían funcionando.

Pero el ser humano, dice Jabel, no va a renunciar a su camino evolutivo pase lo que pase, y que hará lo que tenga que hacer en cada momento, si cree que de esa manera cubre sus deseos y cumple sus más inmediatas expectativas, sin cuestionarse las consecuencias, y que, en todo caso, ese no es problema de los ángeles, porque ellos seguirán a nuestro lado de una o de otra manera, porque lo que esperan es que crezcamos espiritualmente y nos liberemos y les liberemos a ellos en consecuencia, de las ataduras de la conciencia restringida, y que

si lo hacemos siendo eternos o muriendo y naciendo vida tras vida, es lo de menos con tal de que lo
hagamos finalmente.

Los ángeles no tienen cuestionamientos morales, o al menos no los tienen como los tenemos
nosotros, pero tampoco esperan grandes cambios
en nuestra conciencia, y mucho menos en la consciencia de que carecemos, sólo porque alejemos
temporalmente de nosotros la sombra de la muerte, aferrándonos aún más a los lazos de la vida, porque tomar o no conciencia no depende de los hechos externos o de la forma de existencia terrenal
que logremos o que elijamos, sino de nuestra propia esencia, y la puede tomar el rico y el pobre, el
listo o el tonto, el guapo o el feo, el malo o el bueno, el instruido o el iletrado, el perenne o el eterno, porque nuestro ser interno seguirá siendo exactamente el mismo, y tendrá la aspiración de volver
a sus asientos celestiales, al Paraíso prometido y a
la luz divina que le sustenta desde siempre.

La verdadera condena que pesa sobre los seres
humanos, dice Jabel con una sonrisa enigmática,
es que tendrán que entenderse entre ellos y ser
como hermanos, a pesar de sus múltiples y falsas
diferencias.

VII

NO HAY ELEGIDOS, O TODOS O NINGUNO

*Cierra los ojos, respira tranquilo,
y deja que crezca tu alma
y vuele libre tu espíritu
hasta fundirte con la Luz.*

7ª Meditación

La experiencia personal nos lleva a individualizar lo que nos pasa, sobre todo cuando ciertas experiencias no son aceptadas por los demás.

Todos y cada uno de nosotros somos como estrellas flotando independientemente en el universo, sin posibilidad de conexión real con la estrella que tenemos al lado.

Como dice un buen amigo mío, «nadie puede ir al lavabo por ti, y a nadie le duele tu estómago; por tanto, nadie puede saber realmente lo que sientes y lo que piensas».

Compartimos lo que creemos que es común en todos, y sin embargo, hay cosas que nos pasan a todos, que son comunes a todos nosotros, pero que nos negamos a compartir.

Hablar de ciertas cosas sigue siendo tabú, seguimos sintiendo vergüenza o temor al ridículo ante ciertos temas, aunque estos temas los experimentemos todos sin excepción.

Nos relacionamos, es cierto, y a la mayoría de nosotros no nos gusta la soledad, pero, sin embargo, cada uno de nosotros sigue siendo un misterio para el otro. Podemos agruparnos para muchas cosas, e incluso podemos compartir una idea, un pensamiento, un ideal y hasta sentir empatía por los problemas ajenos, y a pesar de todo ello, al irnos a la cama y quedarnos solos ante nuestros propios dilemas, nos apartamos de todos y de todo.

En cierta manera estamos muy solos ante nuestro propio y particular destino, a pesar de que estemos ampliamente acompañados y que miles de millones de personas compartan nuestras mismas angustias y nuestros mismos miedos.

En este aspecto nos parecemos mucho a los ángeles, que siguen siendo seres individuales y conscientes de sí mismos a pesar de que pertenezcan a una hueste celestial o a otra. Para ellos somos como pequeños y alejados hermanos menores, y por eso sienten tanta atracción (como a veces repulsión) por nosotros.

Les atrae mucho el rico e intenso universo interior que todos y cada uno de los humanos llevamos dentro, al tiempo que les desespera que no seamos conscientes de lo que llevamos dentro.

Muchas de nuestras hambres, apetitos y deseos simplemente les repulsan, pero «adoran» nuestras locuras y nuestra imaginación. También «adoran» esas cosas «extrañas» que nos pasan a todos, y que tanto nos cuesta compartir entre nosotros.

Los seres humanos tenemos un sinfín de defectos y virtudes desde nuestro propio punto de vista. Medimos lo bueno y lo malo a partir, precisamente, de estos defectos y virtudes. Vivimos en un mundo y hemos creado una serie de culturas basadas en nuestra imaginación y en nuestras necesidades inmediatas, y hemos manipulado a la naturaleza tanto como hemos podido.

También están los atavismos, esos hechos que nos han marcado en el pasado y que forman parte de nuestro desarrollo como animales con pretensiones divinas.

Todos sabemos que venimos del mono, o que somos parientes muy cercanos, pero a nadie le gusta pensar que todo se acabe ahí, en el mono, y siempre queremos algo más.

Tenemos ambición y conformismo.

Lujuria y estéril frialdad.

Orgullo soberbio y sensible humildad.

Somos tan generosos como mezquinos.

Tan castos y puros, como sucios y pervertidos.

Crueles y magnánimos.

Soeces y finos.

Aspiramos a lo más alto, pero también somos capaces de caer en lo más bajo.

Amamos la paz, pero también buscamos el riesgo y el peligro.

Somos individualistas, pero eso no suele impedir que a menudo actuemos como masa sin cerebro ni que nos dejemos influir por ideas absurdas y descabelladas.

Hemos creado una civilización increíble, pero también somos capaces de destruirla.

Hemos logrado magníficos avances tecnológicos y científicos, y sin embargo somos terriblemente ignorantes.

Somos capaces de soportar las cargas más pesadas en todos los sentidos, y, sin embargo, en cuanto podemos trasladamos nuestras responsabilidades a los ángeles o a la divinidad.

Somos seres complejos y curiosos, que despertamos el interés y curiosidad de los ángeles precisamente por nuestra singularidad. Y, mientras no se demuestre lo contrario, somos el único experimento vital en varios millones de años luz y de varios billones de kilómetros a la redonda, y no son pocas las entidades de luz que están deseando nacer a esta vida y gozar de la experiencia vital que muchos de nosotros rechazan por considerarla demasiado dura, poco gratificante o directamente amarga.

Nos pasamos buena parte de nuestra vida quejándonos de lo que tenemos o de lo que no tenemos, culpando a los dioses o a los demás seres humanos de nuestras miserias, o agradeciéndole a la vida por nuestros propios logros.

Nos olvidamos de que todo lo que hacemos es una elección de vida, y que si renunciamos a una u otra cosa, es porque vamos en pos de otra.

La mayoría nos conformamos con poco, es decir, con intentar satisfacer lo que suponemos que debemos tener mientras estamos vivos; mientras que unos cuantos, aunque cada vez puedan ser más, son los que en realidad se encargan de que esto funcione más o menos correctamente.

Unos cuantos dirigen, gobiernan y orientan las acciones sociales, culturales, económicas y científicas, mientras que la gran mayoría se deja llevar.

Otros pocos se marginan completamente del orden establecido, mientras la mayoría sigue indiferente su camino, o bien, intenta reinsertar a los marginados en el orden del que habían huido.

Lo curioso es que la mayoría sueña con ser parte de esa élite de los unos cuantos que gobiernan y dirigen al mundo, si bien es cierto que son muy pocos los que en verdad lo intentan.

También es curioso comprobar que incluso las clases más elevadas en todos los órdenes siguen siendo humanas, es decir, siguen teniendo los mismos defectos y las mismas virtudes que el resto de los seres humanos. Los que saben exactamente cómo funcionan las cosas, tienen los mismos miedos que los que no saben nada de nada. Los que nos dirigen y los que mueven al mundo tienen los mismos defectos y las mismas virtudes que quienes no hacen nada de nada.

Como diría mi amigo, «también los líderes religiosos más elevados, puros e importantes van al lavabo y de vez en cuando sufren un dolor de estómago».

No hay nadie en este mundo que se escape de las glorias o de las miserias humanas, y aunque nos guste mitificar a nuestros héroes e imaginar que nunca tienen hambre ni frío, también ellos tienen dudas y sufren ante el posible sin sentido de la vida cuando se van a dormir y se quedan solos con su alma, su espíritu y sus pensamientos.

Y es que todos nos encontramos en la misma nave.

Nadie escapa de sus propios huesos y de su propia carne.

Nadie puede huir del todo de sus debilidades, que son las mismas debilidades de todos.

Puede haber iniciados y elevados, pero no hay elegidos.

No existe ningún pueblo elegido que goce de una gracia de Dios especial.

Es más fácil que existan pueblos o grupos de personas «malditos», a que existan pueblos o grupos de personas elegidos espiritualmente para un bien mayor.

Los bienes y males están en esta Tierra, así los sistemas de guerras y explotación, o de abatimiento y sumisión, los creamos los hombres, no los ángeles ni los dioses.

Esto quiere decir, en resumen, que todos los seres humanos sin excepción del peor o del mejor, del más hundido o del más elevados, estamos irremediablemente unidos y atados a un mismo destino global, o a un mismo plan divino universal si usted lo prefiere, y no podemos desatarnos ni desmarcarnos de los demás de ninguna manera.

Las buenas noticias

Las buenas noticias de una salvación para unos cuantos que crean en tal o cual dios, por desgracia para los que creen en ellas, no son ciertas, ya que creer o dejar de creer en un dios o en otro no hace mejores ni peores a los seres humanos y, mucho menos, los hace susceptibles de salvación por simple elección.

La iluminación y el despertar le puede llegar a cualquiera, de la misma manera que es posible que en realidad nunca le llegue a nadie en vida, independientemente de su formación, creencias o preferencias religiosas.

Creer o no creer en los ángeles tampoco nos hace mejores ni peores, ni nos garantiza una inmediata iluminación o liberación espiritual.

Si no nos salvamos todos, no se salvará nadie; porque igualmente al final nos salvaremos todos aunque parezca que nadie se lo merece, o aunque nadie crea en la «fe verdadera», porque, menos mal y gracias, ahora sí, a Dios y a los ángeles, nuestra salvación no depende de lo que marquen las leyes de la Tierra, sino de lo que marcan las leyes inconcebibles e incomprensibles (para nosotros) de la esencia del universo.

La Buena Noticia es que desde antes de nacer e independientemente de lo que hagamos o dejemos de hacer en esta y en muchas otras vidas, ya estamos salvados, y lo estamos no sólo los seres humanos, sino muchos otros seres que comparten el planeta con nosotros.

Hagas lo que hagas, sientas lo que sientas y pienses lo que pienses, ya tienes la salvación espiritual garantizada.

Las leyes celestiales no juzgan los actos terrenales, de la misma manera que las leyes humanas no juzgan a los alces o a las hormigas, y de la misma manera que a nadie se le ocurriría preguntarle a un conejo si ha sido bueno o si ha sido malo, para cazarlo, cocinarlo o darle una zanahoria y protegerlo.

Nuestra escala de valores es muy válida para nosotros, los humanos, aquí y ahora, pero no tiene nada qué ver con los ángeles ni con las divinidades.

Lo que nosotros creemos y sentimos tampoco tiene nada qué ver con lo que los ángeles y los dioses creen y sienten.

Nosotros elegimos lo que es mejor para nosotros en nuestras sociedades y familias, pero dicha elección no tiene nada en común con las elecciones que hacen las fuerzas celestiales.

El nexo de unión es el alma, el espíritu, no las leyes o las normas.

Los elegidos

Los que se creen elegidos están en un tremendo error, pero no por ello van a quedar fuera de la gracia de Dios, de la misma manera que no van a quedar fuera de ella los que no se creen elegidos.

Los que cometan pecados en esta Tierra, en esta Tierra los pagarán, ya sea por la acción de las leyes o de su propia conciencia, si es que la tienen, pero nada tienen qué temer de Dios, que en su infinito amor y sabiduría no tiene cabida para revanchas o venganzas crueles e infantiles.

Para los protestantes, y para algunas sectas católicas como el Opus Dei, la manera de llegar a Dios es trabajando, destacando y hasta enriqueciéndose, como señalaran Adam Smith o Max Weber, aunque a Dios, que nos lo ha dado todo y por lo tanto nos ha hecho ricos desde el mismo momento del nacimiento, que tengamos más o menos dinero, más o menos estudios, o más o menos poder y jerarquía en este mundo le tiene completamente sin cuidado.

No depende de Dios, del diablo o de los ángeles que los seres humanos nos portemos mal o bien, que estudiemos o que no lo hagamos, que nos desarrollemos en un sistema capitalista democrático o en un sistema socialista igualitario. Eso depende de nosotros y de la forma en que orientemos nuestros estados, nuestros gobiernos y nuestras economías.

Por tanto, las ideas y las creencias de que vamos a ser elegidos o seleccionados por los ángeles o por Dios dependiendo de lo creyentes, buenos o ricos que hayamos sido en este mundo y durante ésta o varias vidas, son completamente falsas y sin ninguna base.

El día que aceptemos nuestras responsabilidades morales y espirituales, habremos dado un paso importante hacia los ángeles.

El ser humano puede seguir a Buda, Cristo, Mahoma, Dios, la Virgen u Osiris, pero antes que nada debe aprender a creer en sí mismo, en la humanidad y en el trabajo conjunto de la misma para avanzar y evolucionar en el sentido correcto.

No podemos ser mascotas elegidas de los dioses o de los ángeles eternamente, de la misma manera que nuestras mascotas, por muy unidas que se encuentren a nosotros, han de seguir su propio camino cuando pasen a mejor vida.

Ya hemos sido mascotas de los Pitris Lunares, y ya hemos sido harto dependientes de las divinidades en el pasado; pero hace 4.000 años nos dejaron a nuestro albedrío, y hace 2.000 años se nos dijo que todos y cada uno de nosotros estamos salvados por el simple hecho de creer en el Hijo del Hombre, y ese hijo del hombre no es el Cristo místico, sino el Cristo cósmico encarnado por el mismo ser humano.

Esto no impide que el ser humano siga satisfaciendo sus necesidades místicas y espirituales a través de los distintos pensamientos mágicos y religiosos, ni lo aparta de la meditación, la relajación, las buenas obras, la solidaridad a sus hermanos, y ni siquiera lo aparta de sus supersticiones o de sus creencias más cotidianas.

Simplemente le recuerda que está hecho de la misma materia que las estrellas y que su ser interno es igual al de los ángeles, y que por ello mismo tarde o temprano tendrá que responsabilizarse de sí mismo y que tendrá que tomar las riendas de su salvación y de su espíritu, sin esperar que su salvación dependa de caerle bien o mal a ciertos dioses, o de comportarse como dichos dioses esperan que se comporte.

Estar contigo mismo

El ser humano debe aprender a estar consigo mismo para poder aprender a estar con los demás.

Los retiros espirituales, los votos de silencio, aprender a recogerse consigo mismo por las noches, o incluso asistir a unos ejercicios espirituales budistas, sintoístas o católicos, le pueden ayudar mucho a conocerse un poco más, a dejar brotar sus emociones, a desconectar de la dura realidad e incluso a entrar en contacto con otras realidades.

Si aprendes a estar contigo mismo, pronto aprenderás a estar con los demás, porque reconocerás en ti todos los puntos fuertes y los puntos débiles del resto de la humanidad, es decir, podrás hermanarte con el resto de los seres humanos, quienes, en el fondo, no son muy diferentes de ti mismo.

Cada quien tiene su carácter y su personalidad, y cada cual ve la vida desde su muy particular punto de vista.

Un mismo libro, una misma película y hasta un mismo suceso, es apreciado de diferente manera dependiendo de la persona que lo lea, lo vea o lo experimente, porque todos y cada uno de nosotros tiene su propio nivel de conciencia y su propio camino en esta vida, pero eso no impide que esencialmente seamos exactamente la misma cosa, con las mismas necesidades básicas y las mismas aspiraciones espirituales.

Nos cuesta mucho ponernos de acuerdo, pero al final, y aunque sea por puro interés mutuo, al final terminamos convergiendo en el mismo punto, y es que tanto al final como al principio de la vida, somos y volvemos a ser completamente iguales. Y es que en el más allá no hay favoritismos.

La decepción de la Verdad

El ser humano se ha destacado a lo largo de los milenios por ser un especialista en darle la espalda a la verdad. Nadie mejor que nosotros para maquillar algo cierto, tangible, palpable y directo.

Tenemos la vista, la mente y el oído selectivos, porque sólo vemos, oímos y creemos lo que queremos ver, oír y creer.

Cuando la verdad no nos gusta, simplemente la cambiamos.

Cuando la verdad nos duele, nuestro cerebro pone en funcionamiento un mecanismo de autoprotección.

Ni siquiera hace falta que dicha verdad sea terrible, insoportable u ominosa; lo único que hace falta es que nos sea desagradable.

Como bien señala el hinduismo, vivimos en Maya, en la ilusión de la vida; una ilusión que nos inventamos nosotros mismos y que, como grandes magos, la convertimos en la más sólida de las realidades.

Podemos pasar miles de años en una burbuja de jabón convencidos que dicha burbuja es eterna, sólida, buena, deseable y que no explotará nunca; y de la misma manera podemos pasar las miserias y las penas más grandes a pesar de tenerlo todo y de vivir en un vergel.

Podemos nacer y morir miles de veces dentro de una misma ilusión, en una ilusión inventada por nosotros, de la misma manera que podemos reencarnar cientos de veces exactamente en la misma vida.

De cada vida nos quedamos con unos cuantos momentos, que a veces recordamos en otras vidas y que los franceses llaman un «ya lo viví», de la misma manera que de cada sueño que tenemos sólo nos quedamos con tres o cuatro imágenes.

Nacemos, morimos y vivimos cientos de veces estando perfectamente dormidos, sin despertar lo más mínimo.

Huimos de la verdad a cada momento, y huimos de ella ciclo tras ciclo.

Los ángeles, que saben que el tiempo y el espacio no transcurren exactamente como nos parece a nosotros, nos ven pacientemente desde los cielos sin poder despertarnos del todo y sin poder hacer nada para que abramos los ojos a la Verdad, la cual, tarde o temprano, terminará por alcanzarnos.

Existe el mito de que científicos, filósofos y genios de todos los tiempos y de todas las disciplinas han acabado sus días completamente locos, desquiciados, suicidas, en la indigencia, etc., y todo porque en su afán investigador se han acercado demasiado a la Verdad.

Dicen que la Verdad, con mayúsculas, es tan luminosa, que quema en su luz a todos aquellos que se acercan a ella, y que los pobres seres humanos, en nuestras múltiples ignorancias, somos incapaces de enfrentarla, que de hecho somos incapaces de enfrentar verdades menos mayúsculas y luminosas, verdades tan tontas y cotidianas como que a nuestras necesidades fisiológicas las disfrazamos de virtudes o de defectos morales. Y si somos incapaces de afrontar verdades tan sencillas como ésas, la mayoría de nosotros no podría ver ni de lejos la verdadera Verdad.

Quien conozca la Verdad, amenazan, morirá calcinado por su ardiente esfera o se volverá completamente loco por no poder asirla, entenderla, comprenderla, ya que la Verdad escapa de nuestras más elevadas concepciones y expectativas.

Religiones, gobiernos, poderosos y hasta simples autores, le han hecho muy mala propaganda a la Verdad, y han creado un mito de terror y una teoría de fracaso adelantado, como si tuvieran miedo de que nosotros, simples e ignorantes mortales, fuéramos a perecer en sus luminosas garras.

Nos han educado, socializado y enseñado a huir de la Verdad, y nos han hecho creer que lo mejor es conformarse con metas alcanzables donde prime lo funcional, sin importar que haya o no haya Verdad de por medio.

Max Weber, al igual que muchos otros científicos, han señalado que la Verdad debe ser la búsqueda principal del hombre de ciencia, y que éste tiene la obligación y el derecho de rebelar cada vez que se acerque a ella, aunque dicho acercamiento decepcione a las masas o moleste a la élite (Max Weber, por supuesto, padeció durante 17 años una profunda depresión nerviosa, y cuando por fin se recuperó, apenas si vivió un poco más de un año, convulsionándose entre su deber y su vocación).

La Verdad, esa que nadie quiere conocer para no quemarse, volverse loco o tornarse un excéntrico incomprendido por la humanidad, sigue estando ahí, y tarde o temprano se revelará ante nuestros ojos, nos liberará de los yugos del sueño, la estupidez, la ignorancia, los falsos deseos y la materia, y nos hermanará de nuevo con los ángeles.

La Muerte no es suficiente

Para conocer la Verdad o para saber si hay liberación del espíritu hacia el Reino Celestial, no basta con morirse, es decir, no basta con un ciclo de vida y muerte. Morir nos abre muchas puertas y nos refresca el espíritu, pero no nos eleva la conciencia del todo, ya que al volver a nacer nos dan a beber el néctar del olvido y esa conciencia del más allá desaparece de nuestro ser hasta que volvemos a subir, es decir, hasta que volvemos a experimentar el paso de la vida a la muerte.

Al morir, inevitablemente, nos encontramos con entidades de luz que ni siquiera imaginamos mientras estamos vivos, y entre ellas hay varios ángeles, pero también podemos tropezar con entidades de las sombras, con elementales o con bajos astrales, sobre todo en los primeros estados de la muerte, porque buena parte de nuestro cuerpo intelectual nos acompaña durante los primeros momentos y está fuertemente viciado por nuestros temores y por nuestras creencias.

Cuando por fin alcanzamos la plenitud astral, los temores dejan paso a la perplejidad, ya que la mayoría no nos esperamos lo que vamos a encontrar del otro lado.

Tras la perplejidad viene la paz y la armonía, y, junto con ella, muchas veces también olvidamos quién éramos en la Tierra y nos parece que sólo soñamos con esta vida que ahora nos parece tan sólida y real, y no es nada raro que olvidemos del todo el sueño de la vida. En ese plano de conciencia permanecemos hasta que somos llamados de nuevo a la vida terrestre, y en ese momento nos vienen recuerdos de vidas pasadas, planeamos lo que va a ser nuestra nueva vida en este planeta y nos introducimos en el óvulo fecundado.

Durante la infancia recordamos aún parte de lo que experimentamos en el más allá, pero a medida que vamos creciendo y aprendiendo a hablar de nuevo, nos vamos olvidando de la experiencia celestial.

Hasta los dos años, o hasta los dos años y medio aún recordamos algo, pero a partir de entonces y hasta los 7 años borramos prácticamente todo recuerdo del más allá y de las vidas pasadas, y volvemos a empezar a crear nuestra vida en esta Tierra hasta que vuelve la muerte, y así durante varios miles de años, hasta que todos y cada uno de nosotros ha evolucionado lo suficiente como para elevarse a otros planos.

La muerte no es suficiente. Hacen falta varias vidas y varias muertes para tomar contacto continuado con la vida angelical, y, como había apuntado al principio del capítulo, no hay elegidos ni favoritismos, y todos los que empezamos el ciclo de la existencia en esta Tierra hace 4.000 años, nos liberaremos conjuntamente dentro de unos 10.000 años más, sin que sobre y sin que falte nadie de la misma promoción del plan divino presente.

Tal vez no haga falta ir demasiado lejos ni pasar grandes pruebas para llegar a nuestra morada celestial: todo está aquí.

VIII

LOS ÁNGELES ESTÁN AQUÍ

Cierra los ojos, respira y suspira,
pon la mente en blanco
y deja a un lado todo deseo,
que todo lo demás vendrá
en las alas de los ángeles.

Meditación de Cierre

No creo tener toda la verdad, ya que ni siquiera creo que tenga una pequeña parte de la verdad, tan sólo un suspiro de ella, quizá sólo la ilusión de haberla presentido, pero, por lo que a mí respecta y debido a mis propias y particulares experiencias, los ángeles están aquí y ahora.

• Cuando tienes una buena idea inesperada, te la inspira un Ángel.

- Cuando sientes el alma plena de gloria, te la llena un Ángel.
- Cuando escuchas una voz interna que te cuida y te previene, es la voz de un Ángel.
- Cuando un ser querido ya difunto te visita en sueños, lo hace en alas de un Ángel.
- Cuando oyes más de lo que oyes, cuando ves más de lo que ves, y cuando sientes más de lo que sientes, el canal de estos mensajes es un Ángel.
- Cuando tu conciencia te habla, ahí hay un Ángel.
- Cuando te inclinas a hacer el bien, ahí hay un Ángel.
- Cuando desprecias la materia y dejas pasar la rabia, ahí hay un Ángel.
- Cuando te elevas y mejoras como ser y como persona, ahí hay un Ángel.
- Cuando encuentras tu camino, ahí hay un Ángel.
- Cuando amas y perdonas, ahí hay un Ángel.
- Cuando descubres un error y rectificas, ahí hay un Ángel.
- Cuando das un paso a favor de la paz y la armonía, ahí hay un Ángel.
- Cuando te acercas a la Luz o a la Verdad, ahí hay un Ángel.

- Cuando superas tus carencias, ahí hay un Ángel.
- Cuando potencias tus virtudes, ahí hay un Ángel.
- Cuando recibes una señal, una advertencia, algo que te protege, algo que te salva o algo que te ayuda a continuar por tu camino, ahí hay un Ángel.
- Cuando vences al infortunio o a la mala suerte, cuando derrotas a los demonios externos o a los demonios internos, cuando te recuperas, cuando pasa el mal tiempo, ahí hay un Ángel.

Porque los ángeles son los canales de comunicación del universo entero, y gracias a ellos oímos, hablamos, vemos, sentimos, imaginamos, tenemos intuición, esperanzas, ilusiones, aspiraciones.

Esta época es preciosa gracias a la comunicación, que bien usada se transforma en información y en conocimiento, y dicha comunicación está dada gracias a los mensajeros de los dioses, a los ángeles.

Comunicar no es sólo enviar mensajes, sino entrar en comunión y en entendimiento, y ese es el trabajo de los ángeles.

Percibimos el lejano pasado y el lejano futuro gracias a los ángeles.

Podemos apreciar las cosas con distancia y mejor discernimiento gracias a los ángeles.

Estudiamos, investigamos y descubrimos gracias a los ángeles, porque los ángeles están más cerca del raciocinio y del entendimiento científico más de lo que nosotros creemos.

Los ángeles nos dan templanza.

Los ángeles nos hacen cada vez más humanos.

Los ángeles son como serán los Seres Humanos evolucionados, porque los ángeles son el paradigma de los hombres y las mujeres, de las niñas y los niños, y, aunque no los veamos con los ojos físicos, sí los podemos ver con los ojos del corazón y sentir su presencia en todos lados y a cada momento de nuestra vida.

Para ello no hace falta ser vidente ni tener experiencias paranormales, sino tener capacidad de apreciar su presencia incluso dentro de nosotros mismos, quienes, al fin y al cabo, también tenemos algo de ángel en nuestro ser.

Tampoco hace falta volverse monje zen, budista o cisterciense para poder meditar sobre los ángeles y así llamarlos y ponernos en comunicación con ellos, ya que si algo hacen nuestros amigos de luz, es precisamente comunicarse y manifestarse a cada paso de nuestra existencia, de tal manera que es más difícil no verlos que observarlos perfectamente a través de sus actos.

Si meditáis o pensáis profundamente en los siguientes puntos, os acercaréis un poco más a la esencia de vuestros propios seres internos, y, en consecuencia, a los ángeles.

Meditación de Partida
Cierra los ojos, respira hondo
y busca la luz de tu ser interno
para que te eleve hasta a Uriel,
el Ángel que te muestra el Sendero.

1ª Meditación
Cierra los ojos, respira con fuerza
y busca el fuego eterno y creador,
para que te eleve hasta Gabriel,
el Arcángel de la Espada de Fuego.

2ª Meditación
Cierra los ojos, respira con calma
y busca la luz de la materia vibrante,
para que te eleve hasta el Arcángel Cassiel,
el que construye las montañas.

3ª Meditación
Cierra los ojos, respira suavemente
y busca la fuente de aliento divino,
para que te eleve hasta Rafael,
el Arcángel que todo lo sana.

4ª Meditación
Cierra los ojos, respira con sentimiento
y busca dentro de tu alma,
hasta que encuentres a Miguel,
el Arcángel que siempre te acompaña.

5ª Meditación
Cierra los ojos, aspira aire fresco
y no busques fuera lo que llevas dentro,
hasta que encuentres a un Ángel
hermoso: tú.

6ª Meditación
Cierra los ojos, relájate y ten
conciencia de tu respiración;
después medita sin buscar más nada,
sólo deja que te encuentre tu Dios.

7ª Meditación
Cierra los ojos, respira tranquilo,

y deja que crezca tu alma
y vuele libre tu espíritu
hasta fundirte con la Luz.

Meditación de Cierre

Cierra los ojos, respira y suspira,
pon la mente en blanco
y deja a un lado todo deseo,
que todo lo demás vendrá
en las alas de los Ángeles.

Estas meditaciones no se deben tomar como una fórmula mágica o un sello que facilita el trabajo al indolente, sino como una camino o una escalera de 9 escalones que pueden ayudarnos, si seguimos el sendero con respeto, a elevar nuestra conciencia para tomar consciencia de los ángeles.

Insisto, este es un camino y unos ejercicios de aspiración y de acercamiento que mejorarán la percepción a quien eleve su nivel de plano espiritual, mental y físico, pero que no impedirá las reacciones espontáneas ni hará el camino más llano a quien vaya en sentido contrario o haya optado por el estancamiento.

De una o de otra manera, el simple hecho de que alguien se siente a meditar, siendo consciente de su respiración y fijando la fe y la mente en un punto determinado, obtendrá resultados fabulosos e inesperados, que mejorarán su vida y la percepción o visión que tenga de las cosas y de la existencia, con lo que, igualmente, se habrá acercado a los ángeles y a la conciencia angelical, lo que será de gran ayuda para la persona, y, consecuentemente, para el resto de la humanidad, porque cada vez que un ser humano crece y mejora, la raza humana entera crece y evoluciona un poco más, y reconduce su camino hacia el hermanamiento de los hombres y a la liberación espiritual.

Los ángeles son mensajeros de los dioses, pero también son compañeros de viaje en el largo camino de la existencia, desde los tiempos más remotos y gloriosos, hasta el reencuentro con la Divinidad, pasando por las épocas más oscuras de la caída de los ángeles rebeldes y las múltiples guerras y la semilla de la maldad instalada en el corazón de los hombres.

IX

ÁNGELES COMO NOSOTROS

Este libro tiene 9 capítulos porque el 9 es el número de la aspiración espiritual, de los viajes y de los estudios.

Si los ángeles nos dieron la capacidad de pensar, es decir, si nos la inspiraron para que pudiéramos independizarnos de los dioses menores, también deben tener un pensamiento matemático, o al menos numerológico.

Más de un filósofo ha dicho que Dios hace matemáticas, otros que juega a los dados, y algunos más que geometriza.

¿Azar? ¿Precisión? ¿Plan Divino? ¿O una simple cadena de casualidades sin más conexión que los hechos dados?

¿Realmente somos ángeles en ciernes, o simplemente aspiramos a serlo?

Si echamos una mirada al mundo y a la sociedad, parecería que cada vez estamos más cerca de un final, de un cambio o incluso de una catástrofe.

Todo cambia tan rápidamente que uno no sabe a dónde agarrarse para no salir despedido, para no quedarse atrás o simplemente para ser arrastrado por la celeridad.

Intentamos detenernos, pero no podemos.

Seguimos sumando y sumando como si no hubiera fin; seguimos creciendo y creciendo como si los recursos fueran infinitos e inagotables.

La materia que nos sustenta debe ser finita, y tarde o temprano llegaremos a un límite.

¿Cuándo será? No lo sabemos, pero somos impacientes, y con la inercia de la aceleración de los últimos 50 años nos gustaría que fuera ya, ahora mismo.

Sin embargo, también nos da miedo y vértigo el cariz que han tomado las cosas, y algo dentro de nosotros, el Yo conservador, nos dice que no, que frenemos, que aún no ha llegado el momento.

Seguimos, en cierta manera, teniendo miedo de lo desconocido, y ni siquiera nos damos cuenta que la mayor parte de nuestro ser, de nuestro mundo y de nuestro universo es perfectamente desconocido para nosotros.

Hemos adelantado mucho en poco tiempo, y la información que asimilamos a lo largo de una vida es cien veces mayor que la que recibieron los más privilegiados cerebros del pasado, y, a pesar de ello, cada vez somos más ignorantes, cada vez dependemos más de los demás para seguir sobreviviendo.

Somos ignorantes y torpes en muchos aspectos. Parece que cada vez sabemos más, pero sólo sabemos un poco más de muchas cosas superficialmente. Todo muy por encima porque hay mucha, quizá demasiada, información.

A menudo nos enteramos de cosas que no nos interesan para nada, pero no podemos huir y cerrarnos al mundo que corre vertiginosamente delante de nosotros, a nuestro lado, a través de nosotros.

Todo se aparece y se desvanece, y lo que era imposible de evitar hace unos días, hoy ya nadie lo recuerda. Antes el recuerdo de un héroe, de una figura mítica, duraba trescientos años; ahora puede se puede pasar de la oscuridad a la fama, y de la fama al olvido en unas cuantas semanas.

Somos flor de un día, apenas un suspiro en este trasiego intemperado, y por eso a menudo nos aferramos a cualquier cosa que nos parezca segura, que nos llene un poco el alma.

Los ángeles están de moda porque tiene una frialdad acogedora, un distanciamiento cercano, una rebeldía conservadora, una individualidad solidaria, un futuro pasado y un pasado futuro; es decir, están de moda porque siempre lo han estado.

Y cómo no lo iban a estar si son tan paradójicos como los seres humanos. Nos aceptan, pero no dejan que nos aferremos a ellos; nos ayudan, pero no dejan que dependamos de ellos; se meten en problemas por nosotros, pero no dejan que nosotros nos metamos en problemas por ellos; nos llenan de amor, pero no son emocionales; y nos guían, pero no quieren erigirse en nuestros maestros.

Los ángeles suman y restan, tienen un pensamiento analítico y elevado, y por eso mismo saben que nuestra evolución, nuestra tendencia a la negatividad o al positivismo, a lo gregario y grupal o a lo solitario e individualista, depende única y exclusivamente de nosotros, de nadie más.

Desde que explotara, y nunca mejor dicho, la Era de Acuario, allá por 1945, los ángeles retumbaron en el cielo, y supieron que ya no podrían estar tranquilos «nunca más»: los seres humanos habíamos demostrado por fin que éramos capaces de acabar, no solamente con nosotros mismos, sino con el planeta entero. En el mejor de los casos sólo habrían sobrevivido unos cuantos insectos, algún brote mutante de plantas y tal vez hasta alguna hidra verde de agua dulce, pero nada más.

Ya habían habido guerras y catástrofes terribles en el mundo, incluso la Biblia parece hablar de una guerra nuclear antes de la Creación, y de una guerra con misiles angelicales en Sodoma y Gomorra. Los vedantas contra los upanishads, los mixcoatl contra los de Tezcatlipoca, los de Osiris contra los cocodrilos, etc.; una luna había caído, los volcanes habían reventado, los mares habían cambiado de sitio, lo mismo que los continentes, especies enteras habían desaparecido, los diluvios habían henchido los mares y las pestes habían diezmado a los hombres.

Sin embargo, antes del 1945 de nuestro calendario gregoriano, el planeta entero no había estado en peligro.

Los astrónomos dicen que nos queda poco tiempo para disfrutar del planeta. Los más optimistas creen que tendremos que evacuar el planeta dentro de tres o cuatro mil millones de años; y los más pesimistas aseguran que lo tendremos que hacer mucho más pronto, dentro de cien o doscientos millones de años. Todo depende del sol, cuna de los Elohim, nuestros ángeles creadores, que ya no es ningún jovencito ahora.

Si el sol empieza a dar muestras de cansancio dentro de cien millones de años, tendremos que apresurarnos a buscar un planeta habitable, quizá Marte o Venus, por su cercanía y por sus condiciones, o bien aprender a viajar correctamente por el espacio para llegar sin problemas a Sirio o a Alfa Centauri, donde hay planetas similares al nuestro con soles menos achacosos.

Según Jabel, Marte está así, sin vida, por culpa de sus últimos inquilinos, posiblemente atlantes o primos hermanos de los seres humanos, y Venus aún se está formando, pero para dentro de unos cuantos millones de años posiblemente esté en mejores condiciones para nosotros.

De cualquier manera, entre que nosotros estamos destruyendo la atmósfera terrestre, casi de la misma manera que se destruyó la de Marte, y que el Sol terminará siendo también un problema para Venus cuando nuestra estrella madre empiece a transformarse en una enana roja, tarde o temprano tendremos que alejarnos un poco más, quizá a una luna de Júpiter, mientras preparamos un viaje más largo, como Ganímedes, para llegar finalmente a un sistema planetario joven pero lo suficientemente maduro como para darnos cobijo durante diez o quince mil millones de años.

Si todo va bien y no volvemos a perder la memoria histórica, dentro de unos cuantos millones de años seremos, o volveremos a ser, como dice Jabel, viajeros del espacio, colonizadores de nuevos mundos, portadores de vida. Quizá para entonces ya seamos seres humanos con mayúsculas, casi ángeles, más energía que materia y menos atados a las sucesivas muertes y nacimientos que requiere actualmente nuestro sistema orgánico.

Tenemos tiempo para hacerlo, sobre todo si encauzamos de manera correcta el acelerado crecimiento de los últimos años, aunque a los astrónomos pesimistas les parezca que 100 millones de años es poco.

Desgraciadamente, y por eso algunos ángeles están más que preocupados, desde hace poco más de 50 años que somos capaces de eliminarnos a nosotros mismos, y a este paraíso de planeta con nosotros, y eso puede impedirnos, obviamente, cualquier proyecto de futuro a largo plazo.

Podríamos desaparecer como raza y como planeta hoy mismo, esta tarde, mañana o pasado mañana. Podemos hacerlo, tenemos el poder para lograrlo.

No se dice, no se oye por la calle, los temores de la Guerra Fría entre Rusia y Estados Unidos ha dejado de ser un tema cotidiano. Ahora se busca al enemigo en Medio Oriente, entre los musulmanes, o en la India, China o Pakistán, pero no termina de encontrarse. Los talibanes, creados por Estados Unidos y Europa hace unos cuantos años para proteger la zona afgana de los ataques ideológicos del comunismo, ya fenecido, podrían ser ese enemigo, porque ni Gadafi ni Jomeini lograron asentarse como tales. Pero no debemos engañarnos, porque con o sin enemigos de la democracia liberal, seguimos teniendo y manteniendo los arsenales de la destrucción y autodestrucción total, y, aunque nadie lo dice, todos lo sabemos y nos preocupamos interiormente por ello.

Los ángeles también lo saben y se preocupan, aunque sus preocupaciones son distintas a las nuestras, e intentan inspirarnos y protegernos de nosotros mismos, a sabiendas de que no pueden inclinar del todo el fiel de la balanza.

También saben que, en caso de evacuación de la Tierra, tarea que ya han hecho en otras ocasiones, les tocara a ellos hacer el traslado, dar las explicaciones y «borrarnos la memoria». Y ahora somos muchos, quizá demasiados, y aunque hay miríadas y miríadas de ángeles, el «trabajo» de evacuación y acondicionamiento sería más que farragoso.

Ángeles negativos

Hitler basó algunos de sus presupuestos mesiánicos en las ciencias ocultas. La astrología, el cáliz sagrado o Santo Grial, la Atlántida y los Ángeles de Atlantis, el mundo convexo, la nigromancia para ponerse en contacto con los nibelungos, los extraterrestres y la energía drill, los vaticinios de Edward Kelly y John Dee sobre el advenimiento del nuevo rey del mundo en el centro de Austria, y hasta la ayuda de videntes, jesuitas y entendidos en la materia, le sirvieron de piedra de toque o de punto de apoyo para iniciar su carrera.

Hitler se creyó elegido desde el primer momento, y los que le rodeaban no le sacaron del error, sino que lo apoyaron y lo lanzaron. Los dirigentes del partido nacional socialista alemán de los años 20 creyeron que Hitler sería un fiel y obediente discípulo a pesar de todo, y no dudaron en adoptarle como puntal de lanza para sus aspiraciones. Muchos de ellos se sentían tocados por la divinidad, ya que, entre otras cosas, formaban parte de los famosos «cuerpos libres» militares que no asumieron muy bien que los alemanes perdieran la primera guerra mundial, la guerra que debía acabar con todas las guerras y que sólo provocó la segunda gran deflagración mundial.

Por supuesto, tras perder las primeras elecciones, y tras fracasar en el golpe de estado, Hitler no hizo sino ganar puntos entre sus seguidores, que lo convirtieron en perseguido y mártir en lugar de decepcionarse de su trabajo.

Tras su estancia en la cárcel, donde escribió *Mi lucha*, salió más fortalecido que nunca y su complejo mesiánico, con el que prometía la salvación para su raza y sus seguidores, aumentó con creces.

¿Qué hacía su Ángel de la Guarda en esos momentos? Pues lo único que pueden hacer los ángeles: intentar inspirarlo para guiarlo por el buen camino.

Pero Hitler tomó esas señales, esa inspiración, como una señal más de sus poderes de salvador, y gracias a los sentimientos de una sociedad dolida por la derrota, las deudas y la humillación de la posguerra, encontró una tierra lista para el cultivo de cualquier delirio de grandeza.

Muchos ángeles también se parecen en ese aspecto a los hombres. Sí, por extraño que parezca, esos ángeles sibaritas e inteligentes, también suelen tener aires de grandeza, y más de uno de ellos cree que está llamado a un destino más elevado, superior, más cercano a la luz perfecta de la divinidad. Por supuesto, es más un defecto que una virtud, sobre todo desde el humilde punto de vista humano, pero para muchos de ellos es muy difícil no caer en la tentación de sentirse omnipresentes y poderosos, como los dioses que solemos concebir los seres humanos.

Para esos ángeles la humanidad no tiene demasiada importancia, de la misma manera que para los hombres no tienen demasiada importancia determinadas especies, porque saben, en el fondo, que de esas especies no depende el Plan Divino Universal.

Efectivamente, de la humanidad no depende el Plan Divino Universal, ya que dicho plan continuará con o sin los seres humanos, es más, continuaría igualmente con o sin determinados grupos de ángeles.

Todos formamos parte del engranaje universal, pero casi nadie es pieza imprescindible en el universo. Todos, absolutamente todos, somos necesarios, y la vida de cada uno de los seres vivos del cosmos es preciosa, pero nadie es indispensable, ya que lo único que es indispensable es la Luz Divina que tarde o temprano llegará hasta el último rincón del universo infinito.

Hitler se creía imprescindible, y no sólo eso, se creyó de verdad que él era el puntal donde descansaría la nueva humanidad.

Primero mandó matar a todos sus lugartenientes, a aquellos que habían confiado en él desde un principio, porque de pronto no estaban a su altura y eran prescindibles.

Luego mandó matar a su mejor astrólogo (y a otros más que también le predijeron un fatal 30 de junio de 1945) y, si hubiera podido, habría mandado matar a toda la humanidad, ya que poco a poco todos y cada uno de los demás seres humanos se le iban quedando pequeños: nadie podía estar a su altura, al final sólo él merecía ser salvado.

A Hitler le habría gustado ser Aries y estar protegido por el Arcángel Gabriel, el Arcángel de Fuego, pero para su desgracia nació y murió Tauro, que está protegido por el Arcángel Cassiel, el Arcángel de Tierra. No pudo echar a nadie de su particular paraíso, y mucho menos del paraíso de Aries, porque no era el suyo, pero sí pudo medrar mucho en el aspecto terrestre. Tampoco era un ario puro, y eso debía dolerle en el alma, pero como se creía el Mesías del nuevo mundo y de la nueva Era, pen-saba que estaría a salvo de las exigencias raciales que él mismo había impuesto.

Debió haber leído *La República* de Platón, y debió creer literalmente que el mundo sólo debía pertenecer a los más elevados. El pueblo alemán en bloque llegó a creerse un reflejo de Hitler, una prolongación de ese Mesías, y estaba convencido que era superior al resto del mundo, aunque arios puros, incluso en el pueblo de los nibelungos, había muy pocos, por no decir ninguno. Curio-samente, muchos señalan que Hitler tenía ascen-dencia ashkenazi judía por parte de madre, y de aristócrata nunca tuvo nada de nada, lo que le descalifica aún más ante sus propios ojos, pero que también explica que los judíos no le cayeran nada bien (son tanto o más racistas que los nacio-nalsocialistas de entonces), ya que de ser cierta su ascendencia, los parientes judíos debieron repu-diar y maltratar a su madre por haberse casado con un «perro gentil», que es como nos llaman cariñosamente los judíos a los que nos somos de su etnia o de su religión (la pureza de raza judía es tan descabellada como la pureza aria). Por supuesto, ni todos los alemanes ni todos los judí-os son tan extraños y cerrados, pero su tendencia a la radicalización es obvia y patente incluso en nuestros días.

A Hitler le hubiera gustado ser ascendente Aries, por lo menos, pero nació hacia las 16 horas, lo que le otorga sin duda alguna un ascendente en Libra, el signo opuesto de Aries. Con sus datos astrológicos podría haber sido un buen cantante, un pintor regular, un delineante adelantado, un peluquero aceptable, un florista apreciado, un servicial empleado de banca, un burócrata exigente, un intermediario astuto e incluso un contable del montón. La farándula no se le habría dado mal del todo. Nació para tener gancho, pero ni la política ni los estudios eran su fuerte.

Eso sí, sacó de su tercer decanato de Tauro la capacidad para ser vegetariano y para no fumar, y de su ascendente en Libra el poder de convencimiento y los ideales desvelados de esperar ser el príncipe azul (además del mal carácter, los males renales, los problemas de sueño y la irritación). No se le pueden negar ni el carisma taurino ni el encanto de Libra, ya que Venus es el planeta regente de ambos, pero su falta de desarrollo intelectual y, por lo tanto, su bajo nivel de consciencia, le impidieron seguir un camino menos tortuoso al que siguió. De haber sido dueño de un taller, tienda o pequeña empresa, también habría tenido un carácter tiránico con sus empleados, pero seguramente no habría mandado matar a nadie.

Los analistas políticos aseguran que con o sin Hitler, la segunda guerra mundial estaba más que cantada. Era inevitable la reacción tras el fracaso del plan Daw, del crack de las bolsas del 29 y de la nueva depresión económica, industrial y capitalista de una Europa que aún no se había recuperado de la primera guerra. Alemania necesitaba volver a ganar terreno, quitarse de encima la enorme deuda externa a la que le obligaba el pacto de Versalles, recuperar su fuerza militar y hacerse un lugar en el mercado mundial.

El resto de Europa estaba algo mejor, pero no demasiado. Keynes había tenido razón y las economías capitalistas iban de mal en peor, mientras que los planes quinquenales de Rusia parecían funcionar a la perfección. El capitalismo podría recuperarse haciendo las reformas que proponía Keynes, siempre y cuando el comunismo, tan aparentemente fuerte en esa época, no le cerrara el paso para siempre. La Segunda Guerra Mundial era inevitable para poder darle punto final a la primera.

Hitler sólo la dramatizó y la hizo más dolorosa y pintoresca, aunque, eso sí, fue el acicate perfecto para convencer a los pueblos, propios y extraños, de volver a enfrascarse en algo tan absurdo y poco rentable como una guerra, porque removió las emociones nacionalistas en uno y otro destino.

Los ángeles miraban con inquietud el conflicto, pero, como saben sumar, sabían lo que cualquier matemático hubiera dicho si le hubieran preguntado su opinión: que era matemáticamente imposible que Hitler se hiciera dueño del mundo, ya que no había suficientes armas, balas ni alemanes como para conquistar al mundo entero. Fue terrible lo que hizo, pero, gracias a Dios, no podría haber hecho mucho más. Ni siquiera contaba con las provisiones suficientes, y tras cuatro años de falta de productividad en todos los terrenos, estaba prácticamente en la bancarrota.

Hitler sólo fue el absurdo estandarte de una época absurda, y repitió los mismos errores que cometieran antes que él Napoleón o el Kaiser, ya que perdió las mismas batallas y en los mismos terrenos. Inglaterra y Rusia le vencieron de nuevo, tanto en el terreno físico como en el terreno esotérico, porque también apelaron a sus propios ángeles y a sus propios conocimientos de las ciencias ocultas, sin mandar a ejecutar a sus astrólogos por hacer vaticinios dolorosos pero certeros.

Los ángeles, como nosotros, los seres humanos, también son revolucionarios y guerreros, y muchos de ellos creen que el Cielo se gana más con la espada del espíritu que con la sumisión del alma a lo eterno. Las guerras, incluso las más crueles y terribles, no les son ajenas. Ellos mismos han luchado contra sus hermanos, y han perdido o triunfado, y han caído o se han encumbrado.

La muerte, sobre todo la muerte física, no les crea ningún trauma. Lo único que les crea un serio problema es que se entorpezca de verdad el Plan Divino. Si morimos, en masa o poco a poco, saben que renaceremos de nuestras cenizas y que empezaremos de nuevo, como lo han hecho y lo siguen haciendo miríadas y miríadas de ángeles Caídos. La muerte física es sólo un salto de una dimensión a otra, de una consciencia a una nueva, y el ser humano ya está más que acostumbrado a hacerlo.

La crueldad, la suciedad, las bajezas, la bestialidad y, en fin, la pérdida de humanidad o de divinidad es mucho más doloroso para ellos, ya que eso sí puede entorpecer el Plan Divino de Evolución y Crecimiento, e incluso retrasarlo más allá del espacio y del tiempo, como ya ha sucedido en otras épocas tanto con los ángeles como con los seres humanos.

Esto les preocupa, pero también saben que un retraso o un paso hacia atrás también puede convertirse en un nuevo impulso, y que la redención es posible incluso para aquellos que nos parecen más necios. El reto de comenzar de nuevo desde cero también puede elevar el plano de consciencia si se hace una profunda limpieza, ya que ese nuevo empezar garantiza la rotura con viejos lazos y ataduras.

Los ángeles se preocuparon de verdad, no con los excesos sin nombre de Hitler, ni con sus veleidades de grandeza, sino con algo que fraccionó el futuro, algo que rompió el equilibrio del Pilar del Medio del Árbol de Vida, y no fue Hitler disfrazado de falso Mesías o de Anticristo, sino las bombas atómicas que el *Enola Gay* dejó caer sobre Hiroshima y Nagasaki. Un nuevo imperio había nacido. El Arcángel Rafael, protector de los signos de Aire y por tanto de los Estados Unidos (que son Géminis), tan aparentemente débil y bonachón en los textos esotéricos, resplandeció de poder y dolor.

De poder, porque entró de lleno en la Era de Acuario como cabeza de Ángeles y Arcángeles, y ahí estará los próximos 2.000 años promoviendo la salud, la inteligencia, las investigaciones y la comunicaciones, pero también profundamente dolorido y preocupado porque la energía atómica, que también está bajo su manto, había sido utilizada como arma de destrucción por sus protegidos, y con esa arma había nacido la posibilidad de acabar, ya no con la humanidad que podría reencarnarse en la piel de los burros de otro planeta o en las cucarachas sobrevivientes de la propia Tierra tras la hecatombe nuclear, sino porque esa arma podía acabar con el mundo entero, con el planeta en su conjunto, y ese ya no sería un problema fácil de solucionar, ya que, además de que la Tierra es uno de los paraísos protegidos y preferidos de la divinidad, donde se ha logrado el milagro de la vida, el paso y el traspaso de la vida a la trascendencia en el devenir de la existencia eterna, también habría una reacción en cadena.

La Tierra es un ser vivo, que tiene alma, espíritu, doble etérico, pensamiento, sentimientos, emociones, inteligencia, sabiduría, un Ángel de la Guarda, Uriel; cuatro Arcángeles activadores, Gabriel, Miguel, Rafael y Cassiel; doce Ángeles de experiencia vital, que corresponden a los 12 signos del zodíaco: Aries, Tauro, Géminis, Cáncer, Leo, Virgo, Libra, Escorpio, Sagitario, Capricornio, Acuario y Piscis; 72 Ángeles de dedicación espacio temporal, que cubren 5 grados cada uno del arco celestial; 144

Ángeles de carácter y personalidad que encauzan los niveles de conciencia y las reencarnaciones de los seres humanos; 144 mil Ángeles que van escogiendo lo mejor de cada cosecha humana, otros tantos 144 mil humanos que ascenderán a los cielos y podrán convertirse en Ángeles el día de mañana; y unos Ángeles guías, creadores y protectores, los Elohim, que han mezclado la sangre de sus hijos con la de los hijos de los seres humanos, y que por lo tanto están enlazados a nuestro mismo destino.

La Tierra, en suma, es algo más que una pelota de agua y arena que rueda por el espacio alrededor de una pequeña estrella: es una fuente, una madre, un ser que está íntimamente unido a los ángeles y a los seres humanos, un hogar en lo físico, en lo mental y en lo espiritual. Si la destruimos totalmente, nos quedaremos sin hogar en el universo, tanto algunos ángeles como todos los seres humanos, y el Plan Divino se vería seriamente retrasado, y no tanto por nosotros, sino porque frenaríamos a otros seres que van más adelantados y que tiran de nosotros, echaríamos a perder la ruta del resto de los planetas, que también son, han sido o serán seres vivos. Quizá el sol se mantendría en su ruta, pero alteraríamos una parte muy sensible y estimada del universo. De hacerlo, nos condenaríamos a ir más allá y más debajo de los infiernos más profundos donde habitan los elementales, los demonios y los Ángeles Derrotados y Caídos; caeríamos en la negación, seríamos ángeles negativos, sin luz, sin materia, sin espíritu, y sólo otro improbable Big Bang nos daría la remota posibilidad de empezar a ser partículas caóticas de electrones perdidos e inestables, sin garantía alguna de volver a ser seres vivos.

Los ángeles, que son como nosotros porque alguna vez fueron seres muy similares a la humanidad, saben lo que eso significa, y aunque hacen lo posible, y a veces lo imposible, para que no caigamos en el pozo sin fondo de la Nada (esa que nos da tanto pánico y que a menudo identificamos con la muerte, porque al fin y al cabo también tenemos algo de ángeles), no pueden evitar directamente que fracasemos del todo, ni que los podamos arrastrar en nuestras locuras de rebeldes inconscientes. A ellos ya les ha pasado algo similar, así que dejémonos inspirar y guiar por ellos, y meditemos, a ver si así se nos pasan las ganas de destruirlo todo y empezamos de una buena vez a hacer planes de futuro a largo plazo, más allá de nuestra bestialidad y de la satisfacción de lo inmediato, ya que sólo de esa manera empezaremos a ser realmente seres humanos, y también un poco más ángeles.

BIBLIOGRAFÍA

Durkheim, Émile, *El suicidio*, Akal, Madrid, 1995.

Rodríguez, Alonso, *Ejercicio de perfección y virtudes religiosas*, Tomo III: «Administración del Apostolado de la Prensa», Madrid, 1930.

Shine, Jake T., *Invocaciones, limpias y rituales*, Abraxas, Barcelona, 2001.

Sleigthon, Jonathan, *El poder de los Ángeles*, Edicomunicación, Barcelona, 1995.

Tate, Jessica, *Tu Ángel del día*, Abraxas, Barcelona, 2000.

Weber, Max, *Sociología de la religión*, Fondo de Cultura Económica, México D.F., 1978.

Zamora Rodríguez, Rubén, *Descubre tu Ángel*, Abraxas, Barcelona, 1999.

ÍNDICE